Patrick Knittelfelder, Bernadette Lang

Lifestyle Jüngerschaft

PATRICK KNITTELFELDER, BERNADETTE LANG

LIFESTYLE JÜNGERSCHAFT

LEGE DAS FUNDAMENT DEINES LEBENS

SCM
R.Brockhaus

SCM

Stiftung Christliche Medien

SCM R.Brockhaus ist ein Imprint der SCM Verlagsgruppe, die zur Stiftung Christliche Medien gehört, einer gemeinnützigen Stiftung, die sich für die Förderung und Verbreitung christlicher Bücher, Zeitschriften, Filme und Musik einsetzt.

MIX
Papier | Fördert gute Waldnutzung
FSC® C014496

4. Auflage 2024

Max-Eyth-Straße 41 · 71088 Holzgerlingen
Internet: www.scm-brockhaus.de; E-Mail: info@scm-brockhaus.de

Umschlaggestaltung: Grafikbüro Sonnhüter,
www.grafikbuero-sonnhueter.de
Satz: Christoph Möller, Hattingen
Druck und Verarbeitung: GGP Media GmbH, Pößneck
Gedruckt in Deutschland
ISBN 978-3-417-26884-3
Bestell-Nr. 226.884

WIDMUNG

Für meine Frau Dagmar und Moritz Johannes. Ich sehe alles, was ihr tragt.
Ihr verzichtet auf vieles. Ich ehre euch sehr dafür!
Patrick

Für die HOME-WG. Für eure Inspiration und Motivation.
Für alle J9-Studenten. Ihr seid Pioniere einer neuen Generation.
Berna

INHALT

ANSTATT EINES VORWORTES

Hier sollte eigentlich ein Vorwort stehen. Genau genommen zwei.

Aber das ist gar nicht so einfach. Wir wollten kein braves Vorwort im Sinne von »Es ist sehr gewinnbringend, dieses Buch zu lesen« oder »Jüngerschaft ist sehr wichtig« oder Ähnliches.

Wir hatten scharfe, gewagte und fordernde Vorwörter. Von großen Lehrern, Leitern und Bischöfen. Starke Worte. Kritisch und lobend. Wind nehmend und Wind gebend gleichzeitig. Aber: Jeder wertvolle Beitrag hat dabei doch seine ganz eigene – ja, Absicht.

Deshalb haben wir uns nach einigem Ringen entschlossen, kein Vorwort zu verwenden. Das Thema Jüngerschaft ist einfach zu entscheidend für ein christliches Leben, als dass es in die Spannung der unterschiedlichen Großkirchen gestellt oder von theologischen Strömungen abhängig gemacht werden darf.

Wir sind von einem sehr überzeugt: An der Thematik Jüngerschaft, Nachfolge und den Grundzügen eines lebendigen, ins Leben integrierten Glaubens wird sich persönliche Zukunft und ein erhoffter christlicher Aufbruch entscheiden. Und deswegen: kein Vorwort.

EINLEITUNG

Jünger machen Jünger

Hätte man mich, Patrick, vor sieben Jahren gefragt, was Jüngerschaft ist, so hätte ich mit Sicherheit so geantwortet wie der Großteil der Menschen, zu denen ich heute bei vielen Konferenzen, Workshops und Vorträgen sprechen darf: in die Schule Jesu gehen, mehr lieben, das Gute tun. Und das sind noch die besten Antworten, die ich damals hätte geben können.

Das Thema wird in unserer Zeit in Kirche und Gemeinde deutlich vernachlässigt, sowohl im Sprachgebrauch als auch im Denken und in der Struktur. Die Grundlagen von Jüngerschaft sind einfach nicht bekannt – es fehlt das Wissen. Dabei stehen wir vor großen Herausforderungen. Die großen Kirchen scheinen kaum noch brauchbare Antworten zu den großen Fragen des Lebens zu geben, geschweige denn vermitteln zu können. Viele Gemeinden haben alle Hände voll zu tun, um genügend Mitarbeiter zu finden, die all die Programme aufrechterhalten. Angesichts dieser Nöte ist der Begriff »Jüngerschaft« plötzlich in aller Munde. Ist es [Jüngerschaft] vielleicht das lang ersehnte Allheilmittel für Kirche, Gemeinde und das persönliche Glaubensleben?

Ist Jüngerschaft vielleicht das lang ersehnte Allheilmittel für Kirche, Gemeinde und das persönliche Glaubensleben?

Die überraschende Antwort ist: Ja! Genauso ist es! Deswegen hat Jesus auch genau dieses Modell gewählt und vorgelebt. Für die Ausbreitung des Reiches Gottes entschied er sich für ein Jüngerschaftsprogramm, das er anfänglich mit zwölf jungen Männern durchführte. Später sollte es zu einer weiteren Multiplikation kommen. Jünger machen Jünger. Wer Jesus wirklich kennen- und lieben gelernt hat, der kann nicht anders, als sich das Handwerkzeug des Himmels anzueignen.

Das Problem ist allerdings, dass das eigentliche Wissen um Jüngerschaft vielerorts zur Beliebigkeit verwässert wurde, Jüngerschaft kaum gelehrt und schon gar nicht umgesetzt wird. Diese Gründe sind Intention und Antrieb, warum wir dieses Buch geschrieben haben. Jetzt liegt es an dir, was du daraus machst.

Ist das ein rein katholisches Buch? Nein, ist es nicht. Es ist ein Buch, das sich an Menschen richtet, die sich aufmachen und jüngerschaftliche Prinzipien in ihrem Leben, Umfeld, ihrer Gemeinde, Kirche oder ihrem Dienst umsetzen wollen. Egal, aus welchem Kontext du kommst. Hauptsache, du willst Jesus nachfolgen und Prinzipien lernen, wie dein Leben gelingen kann.

Wir beide stehen fest verankert in der katholischen Kirche. Unsere Arme sind gleichzeitig sehr weit ausgebreitet zu Christen aller Denominationen. Vieles, wovon wir hier berichten, haben wir von nichtkatholischen Geschwistern gelernt. Wir staunen über jeden, der sich in uns investiert hat. Das soll für uns Vorbild sein, es ebenso zu tun. Wir beide sind oft eingeladen, in Gemeinden mit unterschiedlichen christlichen Hintergründen zu sprechen und wir fühlen uns geehrt, das Wissen, das wir empfangen haben, weiterzugeben. Viele Tools können wir voneinander lernen. Viele praktische »Reich Gottes«-Prinzipien können wir voneinander abschauen. Jüngerschaft gehört sicher dazu.

Aber nun wollen wir uns dir erst einmal vorstellen …

Von der Garage, der Mission Base und dem HOME Movement

Anfänge sind immer spannend. Sie tragen einen Hauch von Abenteuer, wenn man mittendrin ist, und den Duft von Nostalgie, wenn etwas Großes daraus entsteht. Die HOME Mission

Base hat ihre eigene Duftnote. Sie entstand auf dem Boden der Loretto Gemeinschaft, bei der Berna und ich mittlerweile seit vielen Jahren engagiert sind. Diese Gemeinschaft ist momentan die größte katholische Aufbruchsbewegung im deutschsprachigen Raum. Berna war die Erste von uns, die eine Jüngerschaftsschule von YWAM (Youth with a Mission – Jugend mit einer Mission) absolvierte. Ich, Patrick, wusste – wie schon eingangs geschrieben – nicht einmal, wie man Jüngerschaft schreibt. Aber lass uns mal von vorne beginnen.

Aufgewachsen bin ich, Patrick, in einer nicht ganz normalen Familie. Geboren bin ich in der wunderbaren, urbanen Studentenstadt Graz. Zur Zeit meiner Geburt waren Scheidungen eher selten. Ich bin ein Kind der zweiten Ehe. Somit fiel ich schon mal aus dem gewohnten familiären Kontext, den man landläufig kannte. Noch etwas war anders: Sowohl meine Mutter als auch mein Vater haben damals viel riskiert und sind den »steileren Weg« gegangen, um ihre Träume und Leidenschaften umsetzen zu können. Das hat mich auf alle Fälle sehr geprägt.

Sehr oft denke ich an die Gaben und Fähigkeiten, die ich in die Wiege gelegt bekommen habe. Von meiner Mutter habe ich Kreativität, Gestaltungssinn und Mut mitbekommen. Von meinem Vater fast dasselbe. Als ältester Sohn war mein Vater für die Übernahme des elterlichen Tischlereibetriebs bestimmt. Die Aufregung war groß, als er das Erbe ablehnte, um in der großen Stadt Architektur zu studieren. Meine Großeltern haben viele Jahre gebraucht, um diese Zurückweisung zu verkraften.

Als kleines Kind lebte ich in einem spannenden Umfeld. Ein großer Garten ohne Zaun. Denn mein Vater hasst Zäune. So blieb unser Haus von »kleinbürgerlichen Gartentüren«, wie er es nannte, verschont. Neben dem Garten eine wilde »Gstätten«, ein gar nicht so kleiner Bach, und, gleich um die Ecke, ein halb verlassener Lagerplatz für alte, vor sich hinrostende Baumaschinen. Das war meine Welt. Ein Paradies.

Ich glaube, so wird verständlich, dass ich einfach keine Zeit für regelmäßigen Kindergarten- und später Schulbesuch hatte. Wahrscheinlich war ich das Kind mit den meisten Fehlstunden in der Grundschule. Entsprechend waren meine schulischen Erfolge. Rückblickend möchte ich keinen Tag zwischen Bach, Wiesen und alten Baumaschinen missen. Heute weiß ich, dass ich dort meine Prinzipien fürs Leben gelernt habe.

Nur weil man keine Schaufel und kein Werkzeug hat, heißt das noch lange nicht, dass man nicht einen riesengroßen, behördenauffälligen Staudamm bauen kann. Fehlende körperliche Größe beim Erklettern von Bäumen und Garagendächern kann man durch festen Willen kompensieren. Durchhaltevermögen wird einem abverlangt, wenn ein Minitunnel auch beim fünfzehnten Versuch über Wochen immer wieder einstürzt, und kleinere Verletzungen können einen nicht vom Besteigen alter, ausrangierter Kräne abhalten.

Nach mühsamem Überleben der Pflichtschulzeit kam die Berufsfrage. Meine Mutter führte eine kleine Hotelpension, mein Vater war ein gefragter selbstständiger Architekt, ich zerlegte häufig Radios. Also schrieb man mich für eine technische Ingenieurschule ein. Das einzige Problem: Ich zerlegte zwar zahlreiche Radioapparate, man übersah jedoch bedauerlicherweise, dass ich keinen einzigen je wieder zusammenbauen konnte. Die nächsten mühsamen Ausbildungsjahre standen bevor.

Aber ich fand auch hier ausreichend vernünftige Betätigungsfelder. Weil diese eher außerhalb der Schule lagen, änderte sich wenig an meinen schulischen Erfolgen.

Ich begann nebenbei in einem renommierten Hotel zu arbeiten. Erst in den Ferien und an Wochenenden, später immer öfter unter der Woche. Meine Reitkarriere machte Fortschritte und kaum war ich achtzehn Jahre alt, konnte mich nichts mehr aufhalten. Das sehr zeitintensive Plänezeichnen für die technische Schule lagerte ich schnell an Schulkollegen aus. Ich konnte gut bezahlen. Einzige Auflage für meine ersten »Dienstnehmer« war, genügend Fehler und Patzer auf die Pläne zu bringen, damit ich wenigstens ein wenig Glaubwürdigkeit in meinen technischen Übungen behielt.

In diese Zeit fällt auch meine erste Freundschaft mit Gott. Kirche war schon irgendwie ein Thema bei uns zu Hause und irgendwie auch nicht. Also eigentlich sehr typisch für die damalige Zeit. Durch ein Mädchen in meinem Alter erlebte ich zum ersten Mal einen lebendigen Glauben. Das hat mich verändert. Grundlegend. In den großen Sommerferien begann ich mein Leben, meine Werte und meine Einstellungen zu ändern. Gott kam in mein Leben. Mit dem neuen Schuljahr war alles anders. Hatte ich zuvor Mühe gehabt, in der Technischen Schule Freunde zu finden, hatte ich mit einem Schlag wieder eine Freundesgruppe – und einige davon glaubten sogar an Gott. In der Klasse war meine Veränderung nicht zu übersehen.

Verrufen als »Katastrophenschüler« schloss ich die Ausbildung erfolgreich ab. Später wurde ich sogar als einer der Vorzeigeschüler gehandelt. Das mag daran liegen, dass einige meiner ehemaligen Professoren Jahre später als Freelancer für meine erste Firma gearbeitet haben. Ich mag den Humor Gottes.

Ich mag den Humor Gottes.

Nach der Prüfung meiner Berufung in zwei Klöstern mit nicht sehr angenehmen Erfahrungen (ja, auch dort fehlt Jüngerschaft), einem Irlandabenteuer (davon später mehr), meiner berufsbegleitenden Ausbildung zum diplomierten Sozialpädagogen und zwei Jahren als Gruppenleiter in einer Einrichtung für sozial auffällige Jugendliche ging es zum Zivildienst in einer kleinen Rettungsstation am Stadtrand von Graz. Wenig Kohle und eine gewisse Unterforderung führten schließlich zu meiner ersten Firmengründung. Zwischen Infusionsständern, Notrufen und elendslangen Nachtdiensten erblickte mein Einmann-Unternehmen das Licht des Firmenbuches.

Leidenschaft, Hartnäckigkeit, gute Partnerschaften und jede Menge Spaß waren der Nährboden für den Durchbruch der Start-up-Ideen. Während fast alle meine Freunde studierten, hatte ich meine ersten sechzig Mitarbeiter. Doch den studentischen Lebensstil teilten wir miteinander. Meine erste Begegnung mit Gott wurde blasser. Das Leben auf der Überholspur, zu große Erfolge für das unerfahrene Leben, flüchtige Beziehungen und eine gefühlt gewaltige Freiheit füllten Jahre aus. Einzig ließ ich es mir nicht nehmen – in welchem Land ich auch gerade war – am Sonntag (und wenn das gar nicht ging am Montag) einen Gottesdienst zu besuchen. Nicht zuletzt hier festigte sich die Treue als einer meiner Lebenswerte, auch wenn ich persönlich zumindest bewusst bei diesen Gottesdiensten nicht viel mitnahm.

Aus der ersten Start-up-Firma wurden mehrere. Es ging weiter bergauf. Wir waren vor allem in der Eventbranche und im Tourismus tätig. Kurz nach dem Balkankrieg waren wir mit die ersten, die begannen, dort den Qualitätstourismus aufzubauen. Bald betreuten und konzeptionierten wir über zwanzig große Hotelanlagen zwischen Spilt und Dubrovnik. Dazu noch ein wenig in Griechenland und am geliebten Wörthersee in Österreich. Wenig später sollten es rund einhundert Hotelanlagen im gesamten Kurz- und Mittelstreckenflugbereich sein.

Irgendwann hinterfragte ich dann auch meine wöchentlichen Gottesdienstbesuche. Was machte ich da eigentlich? Deshalb stellte ich eine Art Ultimatum: Entweder würde ich Gott nun persönlich erleben oder ich würde meinen Glauben an den Nagel hängen. Das war mein Plan. Und Gott zeigte sich. Kurz darauf rief mich ein befreundeter Priester an und meinte, ich habe ihn einmal gefragt, wo eine bestimmte Messe stattfinde. Nun, diese Messe werde jetzt in der Kirche des Landeskrankenhauses abgehalten. Fassungslos erinnerte ich ihn daran, dass ich ihm diese Frage vor Jahren gestellt hatte. Er meinte nur: »Sorry, hab vergessen, dir Bescheid zu geben.«

Die Woche drauf war ich dort. Und es war wie ein Nach-Hause-Kommen. Ich konnte meine Tränen nicht mehr zurückhalten. Gott hatte endgültig mein Herz erobert. Und diesmal gab es kein Zurück mehr.

Heute lebe ich mit meiner Frau und meinem Sohn in Salzburg auf der HOME Mission Base, zusammen mit vierzig jungen Erwachsenen unter einem Dach. Zu den Firmen sind noch ein paar dazugekommen. Mitarbeiter auch. Dank eines fantastischen Teams und einer soliden Führungsebene, sowohl im weltlichen Geschäft als auch im von mir immer scherzhaft »Church Business« genannten Wirken im HOME Movement, kann ich mich weiter in Projekte investieren, meine Teams führen, Vorträge und Coachings halten und mein Familienleben genießen.

Ich, Bernadette, bin in einem kleinen idyllischen Ort auf einem Bauernhof in Oberösterreich aufgewachsen. Mein kirchlicher Background war traditionell katholisch. Ich war die Älteste von vier Geschwistern. Am Sonntag ging's natürlich in die Kirche, Ausreden waren nutzlos. Für mich war es so ziemlich die langweiligste Stunde der Woche. War diese einmal überlebt, wusste ich allerdings, dass ich jetzt wieder eine Woche frei hatte von Gott.

Mitten in der typischen Identitätskrise eines Teenagers lud mich meine damalige beste Freundin zu einer Fahrt nach Medjugorje – einem Wallfahrtsort in Bosnien und Herzegovina – ein. Grund, warum ich mitfuhr, war ein Abstecher an die kroatische Adria und natürlich meine Freundin. Also fand ich mich in einem Bus voller rosenkranzbetender Jugendlicher wieder. Ich war alles andere als begeistert. Während ich Stunden später im Sand kniete, um mich rund 40 000 Menschen aus über 70 Nationen, und an der Existenz Gottes zweifelte, überkamen mich plötzlich zwei Erkenntnisse, an deren Wahrheit ich nicht mehr zweifeln *konnte*. Unwiderruflich gruben sie sich in mein Herz ein und ich wusste mit absoluter Sicherheit zwei Dinge: Erstens, Gott existiert. Zweitens, er liebt mich bedingungslos.

Bis dato hatte ich immer gedacht, Liebe sei an Bedingungen gebunden und man müsse sie sich erst mühsam erarbeiten. Deshalb hatte ich es mir angewöhnt, viele Masken zu tragen. Ich wollte einfach den Erwartungen anderer gerecht werden. Das wurde mit der Zeit allerdings recht mühsam, da ich vergaß, bei welchen Menschen ich mich wie gezeigt hatte. Die Teilnehmer auf diesem Festival waren anders. Sie hatten etwas Anziehendes. Eine unglaubliche Ausstrahlung, die von innen kam! Das wollte ich auch. Und noch was: Sie konnten tanzen, ohne sich mit Alkohol vollzuschütten. Es war eine echte, reale und überquellende Freude. Ihr Zeugnis überzeugte mich.

Nachdem ich nicht anders konnte, als mich auf diesen Gott des Universums einzulassen, veränderte sich mein Leben und mein Denken völlig. Gott rockte mein Weltbild. Er holte mich aus meinem goldenen Gedankengefängnis heraus und zeigte mir immer mehr, wie Fliegen in Freiheit funktioniert. Mit 15 startete ich mit meiner jüngeren Schwester eine Jugendgruppe. Kirche empfanden wir langweilig, aber Gott hatte unsere Aufmerksamkeit geweckt. Diesen Schatz wollten wir mit anderen Jugendlichen teilen. Einige Jahre später lernte ich Loretto kennen und damit Hunderte und Tausende von Jugendlichen, die Jesus leidenschaftlich nachfolgten. Die Faszination, die die jungen Leute in dieser Bewegung ausstrahlten, war mitunter ein Grund, warum ich mich kurze Zeit später als junge Studentin für Theologie und Religionspädagogik in Salzburg wiederfand.

Nach meinem Bachelor spürte ich, dass Gott mich einlud, ihm ein halbes Jahr zu schenken. Während ich durch die Internetseiten auf der Suche nach einem geeigneten Programm stöberte, stieß ich immer wieder auf den Begriff »Jüngerschaftsschule«. Bis dahin nie davon gehört, sollte es noch eine Berufung für mich in dieser Sache geben. Kurze Zeit später landete ich tatsächlich für sechs Monate in Melbourne/Australien, um mich in einer lebensverändernden Zeit meinen Themen in Bezug auf Identität und Beziehung zu Gott zu stellen. Jetzt ging ich auf die Reise der Jüngerschaft – ich war on board! Obwohl ich dachte, dass ich Gott schon ganz gut kannte, überwältigte mich die Art, wie wir von Gott lernten und mit ihm Erfahrungen machten, völlig. Mein Denken, Gott passe in die Box, die ich für ihn gebastelt hatte, wurde völlig umgekrempelt und gesprengt. Dieser Gott, den ich dort kennenlernte, war noch viel attraktiver, als ich es je zuvor vermutet hätte!

Mein Denken, Gott passe in die Box, die ich für ihn gebastelt hatte, wurde völlig umgekrempelt und gesprengt.

Kaum war ich mit brennendem Herzen zurück in Salzburg, bekamen einige Menschen rund um Patrick, der übrigens schon immer ein »Macher-Typ« war, den Eindruck, dass sie so etwas wie ein pulsierendes geistliches Zentrum mit Jüngerschaft auch hier starten sollten. Schnell hatte sich eine fantastische Truppe gefunden. Mit viel Gebet, Herzblut und Leidenschaft entstand innerhalb von drei Jahren ein ganzes Zentrum im Herzen der Salzburger Altstadt, genannt: HOME Mission Base. Eine Reihe von Geschwistern aus unterschiedlichen Denominationen unterstützte uns mit Fachwissen und Herzblut, dieses HOME zu errichten (ja, es sollte wirklich ein Zuhause sein, und zwar für Gott und für die Menschen im geistlichen und realen Sinne).

Im Haus gibt es verschiedene Bereiche. Alles zentriert sich um den Gebetsraum, in dem täglich viele Stunden Lobpreis und Fürbitte stattfinden. Jede Stunde ist ein anderes Team an der Reihe, teilweise bestehend aus exzellent ausgebildeten Musikern, die ihre Zeit damit verschwenden, vor dem Thron Gottes ihr Öl auszugießen. Viele stehen dort in der Fürbitte für zahlreiche Gebetsanliegen ein, die tagtäglich hereinflattern. Auf allen Screens im Haus ist dieser Ort live zu sehen, um uns daran zu erinnern, dass Gebet und die persönliche Zeit mit Gott unsere Quelle von Kraft ist.

Daneben kümmern wir uns im Bereich »Hope City« um Menschen am Rande der Gesellschaft. So betreuen wir eine Suppenküche, also eine Essensausgabe für Obdachlose, Drogenabhängige, Prostituierte und gestrandete Menschen. Wir geben Essen aus, aber wir sitzen auch mit ihnen an einem Tisch und essen *mit* ihnen. Und wir beten mit ihnen. Wir für sie und sie für uns. Heilungen sind durchaus gängig.

Die »La Cantina« ist unser hauseigenes Restaurant. Das Besondere daran: Es gibt keine Fixpreise, sondern nur »flexible« Preise, das bedeutet: Man zahlt, was man kann. Es kommt niemand zum Kassieren, sondern man wirft das Geld in eine Box an der Theke. Wer wenig hat, zahlt wenig. Wer viel hat, zahlt für den anderen mit. Außerdem gibt es das beste Chicken Sandwich der Stadt – mit Leidenschaft von unserem syrischen Koch Raafat zubereitet.

Eine weitere Säule ist das Medienhaus, das mittlerweile aufgrund der vielen neuen Mitarbeiter an einen anderen Standort in Salzburg umgezogen ist. Hier arbeiten Grafiker, Designer, Video-Cutter, Kameraleute, Tontechniker und Radio-Moderatoren an diversen Medienprojekten. Über YouTube, verschiedene Fernsehkanäle und Radiosender erreichen wir Hunderttausende Menschen mit der Botschaft des Reiches Gottes.

Einer der Hauptbereiche ist die sogenannte HOME Akademie. Hier geht es um Jüngerschaft in allen Formaten. Die Konferenzen und Schulungsprogramme, angefangen von 48 Stunden bis hin zu neun Monaten, die wir hier organisieren, drehen sich mehr oder weniger immer um Jüngerschaftsthemen. Viele junge Menschen leben für eine gewisse Zeit im Haus mit, während der wir in sie investieren. Sie hören einen Vortrag am Vormittag und setzen es am Nachmittag in einem Workshop praktisch um.

Jüngerschaft betrifft das ganze Leben. Es ist ein Prozess, der unsere Wertvorstellungen auf die Prinzipien Gottes gründet. Sie passiert im Kontext von Gemeinschaft. Deshalb lernen wir die Paradigmen Gottes am besten im Zusammenleben. Ja, das ist nicht immer ganz einfach. Es birgt seine Herausforderungen. Aber wir glauben, dass Gott uns mit Jüngerschaft einen strategischen Schlüssel anvertraut hat, mit dem wir viele Türen zu einer neuen Fruchtbarkeit in der Kirche auf persönlicher und institutioneller Ebene öffnen können.

Große Werke starten üblicherweise so: »Ich habe ganz klein in meiner Garage begonnen. Dann ist das Ding immer größer und größer geworden, viele Menschen sind dazugekommen und heute kann ich nur staunen ...«. Unsere Geschichte ist etwas anders. Wir hatten von Anfang an eine große Vision. Unsere Träume und unser Vorhaben waren von Beginn an riesig. Viel zu groß für manche Kritiker. Nix Garage und kleiner Beginn. Schade um die gute Story. In der letzten Zeit entwickelt sich die HOME Mission Base-Idee zu einem richtiggehenden Movement. Wir nennen es schlichtweg das »HOME Movement«. Es entstehen neue HOMEs in mehreren Städten wie Passau und Wien. In Salzburg haben wir mittlerweile vier verschiedene Locations. Wir nennen diese den »City Campus«. Unsere offizielle Kirchenstruktur vertraut uns immer größere Aufgaben an. Momentan planen wir gerade einen sogenannten »Church Replant« – nach dem Modell, wie es in vielen anglikanischen Kirchen rund um die Holy Trinity Brompton in London, die »Alphakurs-Gemeinde«, angewandt wird. Wir wollen eine Pfarrei übernehmen, die in einem Salzburger Viertel mit sehr hohem Immigrantenanteil liegt. Wir träumen davon, sie mit einem Team von 20 jungen Vollzeit-Missionaren mit dem Jüngerschaftsmodell ganz neu zu beleben.

Zudem werden wir von diversen Bischöfen, Diözesangremien, Pastoralräten, Ordensoberen und dergleichen für Vorträge angefragt. Unsere eigene Gemeindegründung wächst stetig, sodass die Räume zu klein werden. Die neunmonatige Jüngerschaftsschule ist auf Jahre so gut wie ausgebucht und jeden Monat kommen neue Mitarbeiter und Praktikanten dazu.

Wenn uns jemand nach dem Anfang fragt, so würden wir heute so antworten: Wir hatten sehr große Pläne, wir sind satt gestartet. Aber Gott überrascht uns immer wieder mit noch mehr Wachstum und dem »neuen Land«, das er uns anvertraute. Die großen Pläne des Anfangs werden ständig von noch größeren Dingen übertrumpft, deren Ende wir nun gar nicht mehr zu denken wagen, weil sie uns momentan noch selbst überfordern. Aber mit den nächsten Aufgaben wachsen auch die Kompetenzen. Wir glauben, dass es eine von Gottes Lieblingsbeschäftigungen ist, unsere großen Träume sachte – aber bestimmt – zu toppen.

Best practice-Beispiele – aber richtig

Und es gibt weitere unglaublich gut funktionierende Beispiele von Gemeinden, Kirchen und sogenannten »neuen Bewegungen«, die jüngerschaftliche Prinzipien umsetzen. Großen internationalen Einfluss hat vor allem die bereits erwähnte Bewegung »Jugend mit einer Mission«. Man könnte diese Organisation als die Mutter der modernen Jüngerschaftsbewegungen bezeichnen. Mehr als zwei Millionen Menschen haben mittlerweile ihre Programme besucht, Zahl stetig steigend. Vieles von unserem Wissen verdanken wir der großherzigen, freundschaftlichen Unterstützung, Hilfe und auch Korrektur von Leitern dieser Bewegung.

Weitere internationale Vorreiter sind die bekannten amerikanischen Großkirchen »Willow Creek« und »Saddleback Church«. Unzählige Gemeinden weltweit arbeiten nach den Prinzipien dieser Vorbilder. Auch die HOME Mission Base ist in entscheidenden Bereichen von ihnen geprägt.

Im katholischen Bereich der Erneuerung sind die beiden Pfarreien von Michael White in Baltimore und James Mallon in Halifax sehr bekannt. Vielleicht erstmalig seit vielen Jahrzehnten (möglicherweise Jahrhunderten ...) setzen die beiden Leiter jüngerschaftliche Prinzipien im katholischen Kontext konsequent um. Und damit haben sie – zur Überraschung vieler – Erfolg. Wir müssen ein wenig schmunzeln, wenn Bischöfe und katholische Leiter von ihren Erfahrungen bei Studienreisen zu diesen beiden Kirchengemeinden in Übersee berichten. Dasselbe Prinzip der Gemeindeführung könnten sie in fast jeder deutschsprachigen Großstadt erleben, wenn sie beispielsweise zu einem Gottesdienst von ICF (der International Christian Fellowship) oder einer ähnlichen Freikirche gehen würden.

So gut diese inspirierenden Vorbilder sind – es kommt doch unserer Meinung nach oft zu problematischen Konsequenzen. Viele kommen nach Hause und sprechen begeistert von einer »Kultur der Gastfreundschaft« oder den zahlreichen Programmen, getragen von begeisterten Freiwilligen. Gleich werden Pläne geschmiedet, was man wie in der eigenen Gemeinde umsetzen könnte. Der Kern, das Wichtigste, wird dabei so gut wie immer übersehen: Jüngerschaft ist die Basis dafür. Erst wenn eine Gemeinde oder ein Teil einer Gemeinde bereit ist, den Weg der Jüngerschaft mit allen Mühen, Freuden und Konsequenzen zu gehen, wird eine transformierte Gemeinde, wie in den Beispielen genannt, möglich.

Im Folgenden werden wir dir zeigen, wie du dein Leben auf ein gutes Fundament stellen kannst. Dabei gibt es verschiedene Bereiche, die wir gemeinsam anschauen. Zum einen braucht es einen soliden Bezugspunkt, von dem her du dich definieren und begreifen kannst. Das ist Gott. Er ist der »original designer«. Damit wir erkennen, wer er ist, müssen wir uns mit seiner Art, wie er uns begegnet und wie sein Charakter ist, beschäftigen. Das nennen wir: das leidenschaftliche Vaterherz. Wir glauben, dass darin ein Geheimnis versteckt ist, wer Gott für uns ist und sein möchte.

Wenn du verstanden hast, wer Gott ist, beginnt die Beschäftigung mit dir als sein Kunstwerk. Er hat dich auf unglaublich staunenswerte Art und Weise erschaffen. Oft sind wir aber sehr unzufrieden mit uns selbst und begreifen dadurch gar nicht das Potenzial, das in uns liegt. Unsere eigene Identität und eine gezielte Selbstannahme sind wichtige Themen im Prozess, wie wir uns in der Vollmacht und Autorität unseres innersten Wesens vollständig entfalten können.

Das dritte Fundament handelt davon, wie wir mit dem Gott des Universums kommunizieren können. Ganz ehrlich, ein Leben ohne Stimme Gottes ist total langweilig! In jeder Beziehung braucht es Kommunikation. Also auch mit Gott. Seine Stimme zu hören, ist sehr einfach. Vermutlich hast du sie sogar schon mal gehört. Aber es gibt ein paar wesentliche Prinzipien, auf die wir achten müssen, damit wir die Stimme Gottes in unseren Alltag integrieren und uns gut davon leiten lassen können.

Als letztes wesentliches Element kommt die Königsherrschaft Jesu in deinem Leben dazu. Das ist der Kern der Jüngerschaft. Wer regiert über dein Leben? Dein Egoismus? Dein Stolz? Dein Geld? Deine Partnerschaft oder dein Wunsch nach Beziehung? Oder eben Jesus? Um ihn zum Herrn über dein Leben zu machen, sind die anderen drei Säulen allerdings die notwendige Voraussetzung. Es dauert eine Weile, bis wir Gott so gut kennengelernt haben, dass wir ihm auch vertrauen können.

Wenn du mit diesen Bauteilen gut dein Fundament gesichert hast, brauchst du noch ein paar Prinzipien für dein Leben im

Königreich Gottes, die dir helfen, diesen Paradigmenwechsel zu vollziehen. Sie sind wertvolle Hilfen für deinen Alltag und dein Umfeld. Außerdem wirst du eine Attraktivität ausstrahlen, die eine geistliche Fruchtbarkeit und Multiplikation hervorruft. So wirst du zum Erntehelfer im Weinberg Gottes.

KAPITEL 1

ABENTEUER JÜNGERSCHAFT

Warum Jüngerschaft essenziell ist

Keine Option

Jüngerschaft beginnt immer bei uns selbst. Es ist ein Prozess, der Zeit braucht. Wirkliche Abkürzungen gibt es nicht. Das Überspringen von Themen und »schnell mal drübergehen« erfreut nur kurzfristig. Man muss in die Prozesse rein. Rein und durch. Und das kann man nicht allein. Dafür braucht es Menschen, die mit dir diesen Weg gehen. Es braucht erfahrene Leiter, die Inhalt und Takt vorgeben, und es braucht Freunde, die begleiten. Einfach ausgedrückt: Es braucht Gruppen oder Gemeinden mit jüngerschaftlicher Ausrichtung.

An vielen Orten findet man fundierte Bibelschulen, Lobpreisausbildungen, Evangelisationskurse und sogar ganze »Auszeitjahre« für Menschen jeden Alters. Diese Angebote sind hervorragend, wichtig und viele davon sind absolut am Puls der Zeit. Aber sie ersetzen nicht Jüngerschaft. Nicht einmal, wenn sie einige Elemente von Jüngerschaft berücksichtigen, egal ob geplant oder eher zufällig.

> **Jüngerschaft ist keine Option!**

Jüngerschaft – mit den wesentlichen Kernprozessen – ist keine Option! Es ist nicht die Frage: Bibelstudium, Lobpreisschulung, Evangelisation *oder* Jüngerschaft. Jeder Christ braucht

Jüngerschaft. Selbst der Weg zum Priester oder Pastor kommt in Wirklichkeit nicht darum herum. Darauf baut alles Weitere auf. Sie ist einfach die Basis. Ohne Abkürzung. Ohne Ersatz. Sie ist das Prinzip, das Jesus uns gezeigt hat. Und sie wird unser Leben verändern, weil sie unsere gewohnten Prinzipien auf den Kopf stellt. Wir verwandeln uns in die Denkweise Gottes hinein (vgl. Römer 12,2). Deshalb werden wir die Quintessenz von Jüngerschaft in diesem Buch etwas genauer unter die Lupe nehmen und uns ihren wichtigsten Grundthemen stellen.

Allein geht's nicht

Die Themen der Jüngerschaft können studiert werden. Man kann sich wunderbar kognitiv mit ihnen auseinandersetzen. Man kann sie von allen möglichen und unmöglichen Seiten betrachten. Das ist gut und unbedingt notwendig. Aber der wesentliche Teil des Prozesses findet mit anderen Menschen zusammen statt. Jüngerschaft ist kein Hörsaalprogramm, kein Fernstudium ohne Kontakt zu einer Community, sondern lebt von der Auseinandersetzung mit anderen Menschen.

Ein befreundeter englischer Pastor hat vor Jahren folgende Geschichte von einer Frau aus seiner Gemeinde erzählt: Schon seit Längerem wurde sie nicht mehr gesehen, weder unter der Woche noch am Sonntag. Zufällig traf sie dann jemand beim Einkaufen. Sie erzählte, dass sie nicht mehr in die Gemeinde komme, weil sie eine bessere Möglichkeit gefunden habe: »So läuft mein Sonntag jetzt ab«, meinte sie. »Zuerst mache ich es mir im Wohnzimmer gemütlich. Dann lege ich Lobpreismusik auf und lobe den Herrn. Im Anschluss höre ich mir die allerbeste Predigt an, die ich gerade finden kann. Und zum Schluss mache ich noch mal Lobpreis.«

So verbringt sie die allerbesten Sonntage mit der allerbesten

Person: mit sich selbst. Unser Freund hat nachgefragt, wie ihr Sonntag weitergeht. Legt sie in der Gebetszeit ihrem Teddybären die Hände auf und hört sich die Sorgen ihrer Barbiepuppe an? Keine Ahnung, wie die Geschichte ausging. So skurril diese Begebenheit auch klingen mag, sie ist ernster, als es scheint.

Heute findet man an vielen christlichen Orten ein ähnliches Denken: Ich schaue, dass es mir gut geht, dass ich bekomme, was ich brauche. Ich halte mich von vermeintlich anstrengenden Menschen fern, die mich zu sehr belasten könnten. Und eigentlich ist Glaube ja eh Privatsache ...

Jüngerschaft ist das genaue Gegenteil. Jesus hatte einen klaren Grund, warum er sich Jünger aussuchte. Er wollte uns zeigen, dass Glaube eine Gemeinschaftssache ist. Manchmal denken wir, dass wir ohne die anderen wohl viel schneller heilig werden könnten. Wir müssten uns weniger ärgern, hätten wohl weniger negative Gedanken, wären viel geduldiger, litten weniger unter Vergleichen, Minderwertigkeitskomplexen und Stolz. Ja, Kirche ist oft recht anstrengend. Gemeinschaft auch. Aber womöglich ist es die Skipiste, auf der uns Gott das Skifahren lehren möchte. Die Community der Jünger ist also absolut essenziell. Heute. Und auch zur Zeit Jesu, in der ersten Jüngerschaftsschule der Geschichte.

Eins ist also klar: Allein geht's nicht. Darum brauchst du zumindest eine Kleingruppe, in der du die Jüngerschaftsthemen durchkaust. Vielleicht startest du sogar eine? Ideen, wie man Abende zu den Themen dieses Buches gestalten kann, findest du übrigens auch in unserem Arbeitsbuch: »Lifestyle Jüngerschaft – das Kleingruppenmaterial. 12 Abende, die es in sich haben«. Vielleicht aber wagst du es sogar und machst eine Jüngerschaftsschulung?

Jüngerschaft hat noch ein zweites Merkmal, das absolut wesentlich ist: eine sehr hohe Lernbereitschaft. Keiner der Zwölf, so grundverschieden sie auch waren, war zufällig gewählt.

Keiner stach durch besondere Geschicke oder Talente hervor. Keiner scheint besonders qualifiziert gewesen zu sein. Ganz im Gegenteil: Kaum jemand hätte sich diese Truppe zusammengestellt, um die ganze Welt zu retten. Und trotzdem wollte sie Jesus in seiner Crew dabeihaben. Sie waren keine Superhelden. Aber sie hatten eins, was sie alle verband: ein gelehrsames Herz. Sie waren bereit, sich auf ein Abenteuer einzulassen. Bereit, von Jesus, ihrem Meister, zu lernen. Bereit, Fehler zu machen. Wieder aufzustehen. Ohne Kompromisse. Na gut, Kompromisslosigkeit mussten sie sich erst aneignen. Sie waren eben auch Lernende – willkommen in der Jüngerschaft!

Wenn Jesus auf diese zwölf gesetzt hat, setzt er auch auf Menschen wie dich und mich. Mit allen unseren Ecken, Kanten und Eigenheiten sind wir gerufen, den Weg der Jüngerschaft zu gehen. Wie das geht, davon handelt dieses Buch.

Das dritte Merkmal von Jüngerschaft heißt: Nachfolge. Es gibt einen Meister, dem man folgt. Jesus ist unser König und je besser wir ihn kennenlernen, umso leichter werden wir ihm auch vertrauen. Wir beginnen, Teil seines Reiches zu werden. Er enthüllt uns unsere wahre Identität und in der tiefen Intimität mit ihm bekommen wir ein großes Maß an Autorität verliehen. Jüngerschaft bedeutet, in den Fußstapfen Jesu, in seine Schule zu gehen. Im Judentum gab es viele »Rabbis«, um die sich Schüler, sogenannte »Jünger«, scharten, die von ihm lernen wollten. Das war eine gängige Pädagogikform der Antike und ist bis heute in einigen Ländern noch verbreitet.

Die heutige Gehirnforschung lehrt uns verschiedene Prinzipien: Um etwas existenziell zu begreifen, braucht es zwei Dinge: das kognitive Wissen und das emotionale Erfassen. Sich Wissen anzueignen, geht recht schnell. Dafür reicht es, beispielsweise ein Buch zu lesen oder einen Vortrag anzuhören. Aber das zweite Moment, die emotionale Erfahrung, ist genauso wichtig und unabdingbar für einen lebensverändernden Prozess. Wenn

Jesus drei Jahre in seine zwölf Jünger investierte und mit ihnen drei Mahlzeiten am Tag einnahm und viele Reisen unternahm, dann gab es sicher viele Momente, die emotionales Lernen hervorriefen. Sein Handeln war bedeutungsvoll und er tat vieles, um ein Zeichen zu setzen und etwas Wichtiges mitzuteilen.

Jesus lehrte die Jünger viele Prinzipien des geistlichen Lebens. Sein Auftrag, Kranke zu heilen, Dämonen auszutreiben und das Evangelium bis an die Grenzen der Erde zu bringen, gehört zum Standardprogramm von Jüngerschaft in der Bibel:

Dann sagte er zu ihnen: Geht hinaus in die ganze Welt und verkündert das Evangelium der ganzen Schöpfung! Wer glaubt und sich taufen lässt, wird gerettet; wer aber nicht glaubt, wird verurteilt werden. Und durch die, die zum Glauben gekommen sind, werden folgende Zeichen geschehen: In meinem Namen werden sie Dämonen austreiben; sie werden in neuen Sprachen reden; wenn sie Schlangen anfassen oder tödliches Gift trinken, wird es ihnen nicht schaden; und die Kranken, denen sie die Hände auflegen, werden gesund werden. Nachdem Jesus, der Herr, dies zu ihnen gesagt hatte, wurde er in den Himmel aufgenommen und setzte sich zur Rechten Gottes. Sie aber zogen aus und verkündeten überall. Der Herr stand ihnen bei und bekräftigte das Wort durch die Zeichen, die es begleiteten.

Markus 16,15-20

Wann hast du eigentlich das letzte Mal einen Kranken im Namen Jesu geheilt? Oder einen Dämon aus seinem Einflussbereich verwiesen? Ja – da haben wir vermutlich einige Dinge nachzuholen.

Bevor wir uns thematisch und lebenspraktisch in die Jüngerschaftsthemen hineinstürzen, kommt ein kurzer Blick auf die Entwicklung des Begriffes.

Missionarische Jüngerschaft

Dass *missionarische* Jüngerschaft nicht von irgendwoher kommt, dafür braucht man nur in die Bibel zu schauen. Zum einen hat Jesus im Gleichnis vom Salz der Erde (Matthäus 5,13-15) gesagt, dass wir uns nicht verstecken sollen und wir diejenigen sind, die dieser Welt den Geschmack seiner Herrlichkeit verleihen. Zum anderen ergeht an *alle* Christen der Missionsbefehl, den er seinen Jüngern gibt: »Darum geht und macht alle Völker zu meinen Jüngern; tauft sie auf den Namen des Vaters und des Sohnes und des Heiligen Geistes und lehrt sie, alles zu befolgen, was ich euch geboten habe« (Matthäus 28,19-20) – das ist keine Aufforderung, die ausschließlich an die damaligen Jünger oder die frühen Christen ging. Es bedeutet auch nicht, ein bisschen nett zu den Menschen zu sein. Es meint, ganz konkret Zeugnis zu geben von dem, was Jesus in deinem Leben getan hat und andere in »Reich Gottes«-Prinzipien zu unterrichten.

> **Es bedeutet nicht, ein bisschen nett zu den Menschen zu sein. Es meint, ganz konkret Zeugnis zu geben.**

Zudem sendet Jesus nicht nur die Zwölf aus, sondern auch viele andere. Im Lukasevangelium 10,1-12 ist die Rede von 72 weiteren Jüngern, die Jesus immer zu zweit hinausschickt, um »Arbeiter für seine Ernte« zu finden, die er auch wieder aussenden kann. Es geht also darum, neue Jünger für die Arbeit im Weinberg des Herrn zu gewinnen. Es geht um Vermehrung. Jünger machen Jünger.

Petrus und Paulus sind die Urväter der frühen Kirche. Sie brachten das Evangelium zu den Menschen, indem sie trotz aller Widerstände, trotz Gefängnis, trotz Lebensgefahr die frohe Botschaft verkündigten. Beide bezahlten mit ihrem Leben dafür, so wie viele andere Christen besonders während der

Christenverfolgung im 2. und 3. Jahrhundert. Die Kirche war zu dieser Zeit eine reine Untergrundkirche, genau wie die Mission reine Untergrundmission war. Trotz dieser unglaublichen Verfolgungswelle wuchs die Zahl der Christen enorm. (In unserer Zeit wiederholt sich dieses Szenario, besonders in muslimisch geprägten Ländern wie dem Iran.) Erst mit der Konstantinischen Wende im Jahre 313 wurde das Christentum anerkannt und sogar zur Staatsreligion erklärt, was die Mission erst einmal einschränkte. Im Mittelalter brachte z.B. Bonifatius die Mission voran, vor allem im angelsächsischen und keltisch-irischen Raum. Hinzu kam ab 1500 die katholische Mission besonders in Asien, Afrika und Amerika.

Machen wir einen gewaltigen Sprung nach vorn. 1960 wurde die Organisation YWAM – Jugend mit einer Mission – von Darlene und Loren Cunningham gegründet. Ihr Auftrag ist die Konkretisierung des Missionsbefehls in Matthäus 28,19-20: »Gott hat seinen Nachfolgern eine Berufung und eine Verantwortung gegeben, das Evangelium dorthin zu bringen, wo es noch nie gehört und angenommen werden konnte.«[1] Auch wenn sie die Bezeichnung »Missionarische Jüngerschaft« nicht explizit auf ihren Homepages verwenden, so griffen sie diese doch ganz neu auf und leben sie bis heute: »Unsere ›Mission‹ ist es, Gott zu kennen und ihn bekannt zu machen.«[2] Gott kennen – Jüngerschaft. Ihn bekannt machen – Mission. Inzwischen ist YWAM an 1100 Standorten in über 180 Ländern mit 18 000 Mitarbeitern tätig.

Von ihren Jüngerschaftsthemen und ihren Missionseinsätzen haben wir uns in Salzburg enorm inspirieren lassen und arbeiten eng mit ihnen zusammen.

Die Päpste und der Wirbel auf den Straßen

Man mag es kaum glauben, aber auch die Päpste sprechen immer wieder von missionarischer Jüngerschaft. Schon Papst Paul VI. und Papst Johannes Paul II. legten ein großes Augenmerk auf Mission und Verkündigung. So meinte Papst Johannes Paul II.:

> Ich halte die Zeit für gekommen, da alle kirchlichen Kräfte für die neue Evangelisierung und für die Mission ad gentes einzusetzen sind. Keiner, der an Christus glaubt, keine Institution der Kirche kann sich dieser obersten Pflicht entziehen: Christus muss allen Völkern verkündet werden.[3]

In einem weiteren Text zu Beginn des neuen Jahrtausends, das im Januar 2001 erschienen ist, wird dies noch einmal vertieft. Das missionarische Engagement ist demnach nicht einer kleineren Schar von Spezialisten vorbehalten, sondern liegt in der Verantwortung aller Kinder des Gottesvolkes. »Wer Christus begegnet ist, kann ihn nicht für sich behalten, er muss ihn verkündigen.«[4] Alles andere ist purer Egoismus.

Auch Papst Benedikt XVI. definierte Evangelisation als Verkündigung, die zu einer persönlichen Begegnung und Beziehung mit Jesus Christus führt. »Christsein und Kirche sind missionarisch oder sie sind nicht. Wer seinen eigenen Glauben liebt, ist auch darum besorgt, ihn zu bezeugen, ihn anderen zu bringen und diesen eine Teilhabe zu ermöglichen.«[5] Er ruft dazu auf, dass sich jeder selbst evangelisieren und erneuern lässt.

Papst Franziskus geht es ebenfalls um eine Kirche, die missionarische Jünger macht. Vier Tage vor seiner Wahl zum Papst schrieb er – damals noch als Kardinal Bergoglio: »Was den nächsten Papst angeht: ›[Es soll ein Mann sein] der aus der Betrachtung Jesu Christi und aus der Anbetung Jesu Christi der Kirche hilft, an die existenziellen Enden der Erde zu gehen […].‹«[6] Auf dem Weltjugendtag in Rio de Janeiro am 25. Juli 2013 rief er die Jugendlichen auf, Wirbel zu machen, auf die Straßen zu gehen und gegen alle Weltlichkeit, Unbeweglichkeit, Bequemlichkeit, allem Klerikalismus und dem In-sich-verschlossen-Sein standzuhalten. Die Kirche dürfe nicht einfach nur eine NGO (Non-Governmental Organization) sein. Er will von einer rein bewahrenden Pastoral zu einer missionarischen Pastoral übergehen.[7]

Aparecida ist das nationale Heiligtum Brasiliens und ein beliebter Wallfahrtsort. 2007 traf sich Papst Benedikt XVI. dort mit den Bischöfen Lateinamerikas. Unter ihnen war auch der spätere Papst Franziskus, weshalb das daraus entstandene gleichnamige Dokument hier miterwähnt werden soll.

Die Hauptaussage dieses Dokumentes ist es, dass kraft ihrer Taufe alle Gläubigen dazu berufen sind, Jünger und Missionare Jesu Christi zu sein. Was die katholische Kirche dazu braucht, sind die folgenden vier Punkte:

1. Predigt und Zeugnis, die zu Lebensveränderung und persönlicher Jesusbeziehung führen.
2. Eine Gemeinschaft, die Wertschätzung, Anerkennung, Herzlichkeit und Hineingenommensein vermittelt und lebt.
3. Biblische und lehramtliche Bildung, die geistliches Wachstum ermöglicht.
4. Missionare Verpflichtung für die Armen.

Die Kirche gehe zuweilen methodisch und pastoral ganz anders vor, was zu vielen Austritten führe. Für den Bildungsprozess der missionarischen Jünger seien weiterhin folgende Punkte notwendig, die in lebendiger und fürsorgender Gemeinschaft gelebt werden müssen:

1. Begegnung mit Jesus ist nur durch Verkündigung des Evangeliums möglich,
2. dann können Bekehrung Taufe und Versöhnung geschehen.
3. Jüngerschaft: Kennenlernen Jesu, Liebe zu ihm und Nachfolge,
4. Communio: Begegnung mit anderen Jüngern – Ermutigung, Unterstützung, geistliche Reife,
5. Missio: Jesus verkünden, Arme lieben und ihnen dienen, Reich Gottes aufbauen.

Mission ohne Jüngerschaft kann zu Willkür und reiner Gesetzesbefolgung führen. Jüngerschaft ohne Mission bleibt leer, wird dem Anspruch Jesu nicht gerecht und widerspricht ihm sogar. Mission und Jüngerschaft gehören daher untrennbar zusammen und beides geht nur in Gemeinschaft.

Wir sehen also, dass Jüngerschaft nicht einfach eine Erfindung unserer Zeit als ein neues pastoraltheologisches Konzept ist. Jüngerschaft war von Beginn an auf der Agenda Jesu. Durch die Geschichte und verschiedenen christlichen Denominationen hindurch hat der Geist Gottes nicht aufgehört, die Wichtigkeit von missionarischer Jüngerschaft zu betonen.

Jüngerschaft ist das Fundament der Kirche. Sie ist absolut unumgänglich für eine gesunde, stabile Beziehung zu Gott. Warum das so ist, schauen wir uns gleich etwas näher an.

KAPITEL 2

GET THE BASICS DONE

Der Bau des Fundaments

Von Wolkenkratzern, Fassaden und San Francisco

Als Unternehmer und Wirtschaftstreibender liebe ich, Patrick, anschauliche Bilder. Zur Erklärung der Grundzüge von Jüngerschaft vergleiche ich das geistliche Leben gerne mit einem Wolkenkratzer. Solche gigantischen Türme aus Stahl und Beton findest du überall auf der Welt. Vor allem in den Vereinigten Staaten.

Stell dir einen Geschäftsmann vor, der möglichst schnell möglichst viel Geld mit Immobilien verdienen will. Er kauft ein kleines Grundstück in allerbester Lage – sagen wir im Zentrum von San Francisco (ich mag diese Stadt, wahrscheinlich wegen des Liedes). Grundstücke sind immens teuer und rar, deswegen nur ein kleines Grundstück, er will ja hoch hinaus bauen. Damit er am Markt bestehen kann, muss er einiges bieten. Also lässt er von einem Architekten eine atemberaubende Glasfassade entwerfen, ebenso ein opulentes Eingangsportal, eine stilvollendete Lobby und eine entsprechende Auffahrt. Das Penthouse oben drauf darf nicht fehlen – Hubschrauberlandeplatz inklusive.

Alle sind begeistert, gratulieren ihm. Manche schauen argwöhnisch auf seinen Tower, vielleicht sogar neidisch. Im Nu sind all seine Geschäfte, Büros und Wohnungen vermietet.

Und jetzt stell dir vor, dieses Meisterwerk aus Stahl, Beton und Glas stellt dein geistliches Leben dar. Es umfasst all das, was du tust und was du schon in deinem Leben getan hast: all deine Gebete, deine Gottesdienstbesuche, deine Teilnahme an Konferenzen, Seminaren, Exerzitien, Gemeindefreizeiten, dein Ringen, dein Fasten, deine größeren und kleineren spirituellen Erlebnisse, deine Frömmigkeitsübungen und, wenn du katholisch bist, natürlich die Sakramente. All das zusammen ist wirklich etwas Großartiges – ein tolles Hochhaus. Ich kenne viele Menschen, Vorbilder, die so ein Hochhaus in ihrem Leben gebaut haben.

Stell dir vor, dieses Meisterwerk aus Stahl, Beton und Glas stellt dein geistliches Leben dar.

Zurück zu unserem Geschäftsmann. Er wollte möglichst schnell weit kommen, viel Geld verdienen. Das Fundament seines Turmes hat er dabei leider vernachlässigt. Er dachte, keiner würde das sehen. Schließlich kostet es viel Geld und man verliert wertvolle Zeit mit so einem Fundament …

Blöderweise steht sein Wolkenkratzer nun aber in San Francisco. Vielleicht erinnerst du dich an deine Schulzeit. Zwei Kontinentalplatten driften dort zusammen. Sie haben einen unvorstellbaren Reibepunkt: die San-Andreas-Verwerfung. Von dort gehen regelmäßig Erdstöße aus. Manche sind so gewaltig, dass Häuser zusammenbrechen. Wolkenkratzer sowieso. Es sei denn, die Eigentümer haben Zeit, Know-how und Geld in ein erdbebensicheres Fundament investiert.

Unser Freund hat das nicht getan.

Jesus spricht in der Bibel davon, dass es Zeiten geben wird, in denen er nochmals alles erschüttern wird: »Damals erschütterte seine Stimme die Erde, aber jetzt hat er die Zusage gegeben: ›Noch einmal werde ich alles erschüttern, nicht nur die Erde, sondern auch den Himmel‹« (Hebräer 12,26; NeÜ). Und wenn er von »alles erschüttern« spricht, meint er sicher keinen kleinen Schubser, sondern eine wirkliche Erschütterung. Gott gibt auch gleich die Erklärung dazu, warum alles erschüttert werden wird: nicht weil Gott Freude daran hätte, uns zu ärgern oder gar zu quälen, wie manche Menschen glauben. Sondern: »... bleiben wird nur das, was nicht erschüttert werden kann« (Hebräer 12,27; NeÜ). Nur darauf kann man ein Hochhaus bauen.

Ich habe einmal in meinem Leben eine Terrasse aus großen Steinplatten gelegt. Dabei muss ich gestehen, dass ich handwerklich unglaublich ungeschickt bin. Aber so eine kleine Terrasse traute ich mir schon zu. Nach mehreren Stunden musste ich meinen Freund Haxi (das ist sein Spitzname) um Hilfe bitten. Das Erste, was er – zu meinem Entsetzen – tat, war, alle meine Platten wieder abzuheben und von ganz vorne zu beginnen. Sein Kommentar: »Wenn die erste Reihe schon schief liegt, kann das nichts werden.«

Ich denke öfters an diese Situation zurück – gepaart mit den Worten der Bibel. Es ist entscheidend, dass der Grundstein gut liegt. Jede Reihe muss passen. Wenn man an einer schiefen Reihe weiterbauen will, ist alle Mühe umsonst. Das wird nichts mehr.

Für Gott ist das völlig klar. Nur uns oft nicht. Deswegen ist es gut, wenn Erschütterungen kommen, damit das, was schief ist, umfällt und das, was gut ist, bleibt.

Ich weiß nicht, ob du mit Erschütterungen in deinem Leben vertraut bist. Wenn du dich jetzt fragst, von was ich eigentlich rede – herzlichen Glückwunsch! Die schlechte Nachricht lautet: Es werden auf jeden Fall Erschütterungen kommen. Typisch sind: zerbrochene Beziehungen, Jobverlust, finanzielle Herausforderungen, überraschende Diagnosen, geplatzte Träume, demaskierte Erwartungen usw.

Ich kenne so etwas gut aus meinem Leben. Als junger Unternehmer war ich mehrmals am Rande des Bankrotts. Dann boten sich immer wieder gute geschäftliche Gelegenheiten, um mich zu sanieren. Was habe ich zu Gott gebetet, dass es klappen würde. Doch es klappte nicht. Dennoch griff er ein, aber nicht so, wie *ich* es mir erträumt hatte und auf welche vielversprechenden Geschäfte ich hatte setzen wollen. Oder aus heiterem Himmel war ich mit dem Verdacht einer schrecklichen Diagnose konfrontiert – verbunden mit einer scheinbar ewig langen Wartezeit, bevor ich Klarheit darüber bekam, was eigentlich los war. Und wie lange habe ich mich nach einer wirklich guten Beziehung gesehnt. Aber eine nach der anderen ging meist bereits nach kurzer Zeit wieder in die Brüche. Ich war total frustriert und oftmals am Boden zerstört.

Ich könnte meine persönliche Liste noch lange fortsetzen. Überforderungen, negative Überraschungen, miese Entwicklungen und Enttäuschungen können zermürben. Richtig zermürben. Und Gott erschüttert vieles. Damit das bleibt, was Bestand hat.

Später lernte ich die Perspektive Gottes von all diesen scheinbar so misslungenen Umständen kennen: Ein Projekt, in das ich unbedingt hatte investieren wollen, hat die wirtschaftliche Zukunft eines Freundes zerstört. Dadurch, dass ich aus Geldnot nicht mit eingestiegen war, blieb ich davon verschont. Ein anderes Hotelprojekt hatte den Gästeschwund in Kroatien mit Ausbruch des zweiten Bosnienkrieges nicht überlebt. Auch hier hat mich Gott davor bewahrt, dort all meine Finanzen hineinzustecken. Die Wartezeit auf meine Diagnose hat zu einem fruchtbaren Innehalten und Fokussieren in meinem Leben geführt. Und am Ende stellte sich heraus, dass die Ärzte Entwarnung geben konnten. Und für meine absolut wundervolle Ehefrau wäre ich all die Jahre zuvor gar nicht bereit gewesen.

Gott weiß, was er tut. Und er weiß genau, was er erschüttern wird und was nicht. Mein Problem war dasselbe, das unser erfolgsgieriger, fundamentloser Geschäftsmann hat. Wenn es ein Erdbeben in San Francisco gibt, bleibt von seinem Hochhaus nichts mehr übrig. Das fehlende Fundament rächt sich auf diese Weise bitter. Ich hatte mein Fundament ebenfalls nicht auf Gott gebaut und konnte ihm nicht vertrauen, dass er bessere Pläne hatte, als ich es mir ausgemalt hatte. Stattdessen ärgerte ich mich über die Umstände und warf Gott alles Mögliche an den Kopf. Es wurde sehr gerüttelt an meinem schönen Hochhaus, das ich mir aufgebaut hatte. Viele Lüster sind abgestürzt und die schöne Glasfront ist zerbrochen; ganze Wände wurden manchmal durch die Heftigkeit des Sturmes eingerissen. Zum Glück ist mein Glaubenshaus nicht ganz eingestürzt. Durch den Jüngerschaftsprozess hat Gott mir dann seine Perspektive geschenkt und mir geholfen, mein Fundament ganz neu auf Felsen zu bauen.

Ohne Fundament kein Bestand

Viele Christen sind heute wie ein Hochhaus ohne Fundament. Nicht bewusst. Schon gar nicht absichtlich. Meist, weil es sie niemand lehrt. Einen guten Teil meines Weges mit Gott habe ich, Patrick, einer Freundin aus Jugendjahren zu verdanken. Abgesehen davon, dass sie sehr schön, witzig und umgänglich war, liebte sie Gott von ganzem Herzen. Oft beobachtete ich sie staunend heimlich aus den Augenwinkeln beim Gebet. Eine ganz besondere Salbung schien auf ihr zu liegen. (Möglicherweise waren auch Hormone im Spiel … Aber ich gehe mal vom Besten aus.)

Sie führte nicht nur mich zu Gott, sondern viele andere auch. Wir hatten wunderbare Junge-Erwachsenen-Jahre zusammen. Dann verliebte sie sich und zog mit ihrem Freund ins benachbarte Ausland (nein, nicht nach Deutschland). Wir verloren uns aus den Augen. Jahre später traf ich sie wieder. Es war, als wären nur ein paar Wochen vergangen.

Doch plötzlich begann sie von damals zu erzählen. Mein Herz ging auf. Ob ich mich noch an dieses und jenes erinnern könne. Natürlich. Ich steuerte gleich eine eigene kleine Anekdote bei. »Wir waren damals so naiv! Wir haben wirklich geglaubt, dass Gott uns glücklich machen kann«, unterbrach sie mich. Wooooouuuuuuuhhhh. Nach fünf Schrecksekunden konnte ich nur traurig antworten: »Ich bin heute noch immer so naiv.« Da war kein Glaube mehr da. Fast alles weg. Und das bei ihr, die so viel Feuer für Jesus gehabt hatte. Ihre neue Heimat ist bis heute exkommunistisch geprägt, die Familie agnostisch. Das Fundament war offensichtlich zu instabil.

Ich kenne noch andere Menschen, die ein vorbildliches christliches Leben führten und scheinbar gut mit Gott lebten. Dann kam eine große Erschütterung. In der Folge wollten sie nichts mehr von Gott wissen und wandten sich von ihm ab. Meine Finger reichen nicht aus, um diese Menschen in meiner Umgebung aufzuzählen. Ja, um die Frage vorwegzunehmen: Nicht wenige davon sind katholisch und haben »aus der ganzen Fülle der Sakramente« gelebt, wie es so schön heißt.

Viele unserer Jüngerschaftsstudenten in der HOME Mission Base erleben dasselbe. Wenn sie kommen, wirken sie nach außen schon sehr »christlich«. Sie beten viel, erzählen, wie viele Konferenzen sie besucht haben und in wie viele Gebetsgruppen und Lobpreisteams sie involviert gewesen sind. Pausenlos spielt jemand Gitarre und enthusiastisch stürmen sie in jeder freien Minute auf die Straße, um dort ebenfalls den Lobpreis hinzutragen. Sie gehen regelmäßig zu den Sakramenten. Nach außen wirken sie vielleicht sogar wie überdurchschnittliche Christen, die schon sehr weit sind. Wenn sie sich aber ihren Themen in den Wochenschwerpunkten wie Identität und Vaterherz Gottes stellen, zerbrechen die äußeren Gebäude. Oft reißen alte Wunden auf und manche fühlen sich sogar, als würden sie Gott verlieren. Was in Wirklichkeit passiert, ist, dass

Gott alles an falschen Vorstellungen und äußeren Glasfronten wegnimmt und an die Substanz geht. Er bringt Heilung in der Wurzel, in den tiefsten Überzeugungen. Das ist manchmal sehr schmerzhaft, aber dringend notwendig. Nur, wenn wir Gott in seiner wirklichen Identität kennenlernen und ihn als jemanden erfahren, der es wirklich immer gut mit uns meint, können wir den Glaubensstürmen standhalten.

Nur, wenn wir Gott in seiner wirklichen Identität kennenlernen und ihn als jemanden erfahren, der es wirklich immer gut mit uns meint, können wir den Glaubensstürmen standhalten.

Ich will es hier ganz klar sagen: Du kannst ein wunderbares geistliches Hochhaus bauen, ein fantastisches spirituelles Leben leben, regelmäßig alle Sakramente nutzen und noch viel mehr tun: *All das kann dein Fundament nicht ersetzen!*

Und das Fundament ist nun mal ganz einfach: Jüngerschaft. Warum? Weil es *der* Lebensstil des Reiches Gottes ist, den Jesus uns vorgelebt hat, als er seine Jünger rief: »Folge mir nach« (z.B. Matthäus 9,9; 16,24; Johannes 1,43). Es gibt keinen anderen. Unsere Beziehung zu Gott ist der Dreh- und Angelpunkt! Jüngerschaft bedeutet, nicht nur äußerlich deine Taten zu ändern, sondern an deiner Identität zu arbeiten. Es bedeutet, nicht nur die Fassade zu schmücken, sondern von innen her deine eigene Geschichte, deine Prägungen, deine tiefsten Werte und Grundüberzeugungen der Sichtweise Gottes anzupassen. Jüngerschaft bedeutet, Lebenslügen, die dein Denken unbewusst bestimmen, aufzudecken und nach »Reich Gottes«-Prinzipien zu leben beginnen.

So bauen wir unser Fundament. Wir gründen unsere eigene Identität auf Christus, der der Fels ist. Die Stärke von Jüngerschaft liegt darin, dass wir uns systematisch eine neue Lebensweise aneignen. Wir beginnen nicht mit den Taten, sondern mit den innersten Überzeugungen und Werten. Wenn wir Wahrheit in unser Denken hineinlassen, hat das eine Auswirkung auf unser ganzes Leben und auch auf unser Umfeld. Wir verändern so die Atmosphäre. Die Kirche. Und die Gesellschaft.

Lass uns damit anfangen!

Die gute und die schlechte Nachricht

Die gute Nachricht vorweg. Wenn du in den nächsten Kapiteln merkst, dass Teile an deinem Fundament fehlen oder bröcklig geworden sind, oder gar eine tragende Säule komplett fehlt, brauchst du nicht dein geistliches Haus abzutragen, um in den Keller zu kommen und mit allem von vorne zu beginnen. Ganz im Gegenteil. Mach weiter wie bisher, aber beginne konsequent, dein Fundament zu befestigen.

In der Schrift steht geschrieben:

> Jeder, der diese meine Worte hört und danach handelt, ist wie ein kluger Mann, der sein Haus auf Fels baute. Als ein Wolkenbruch kam und die Wassermassen heranfluteten, als die Stürme tobten und an dem Haus rüttelten, da stürzte es nicht ein; denn es war auf Fels gebaut. Und jeder, der diese meine Worte hört und nicht danach handelt, ist ein Tor, der sein Haus auf Sand baute. Als ein Wolkenbruch kam und die Wassermassen heranfluteten, als die Stürme tobten und an dem Haus rüttelten, da stürzte es ein und wurde völlig zerstört.
>
> **Matthäus 7,24-27**

Die schlechte Nachricht ist: Es gibt nicht den einen Weg und schon gar keinen schnellen. Um dein Haus auf Fels zu bauen, brauchst du einen Paradigmenwechsel. Deine Denkweise muss sich auf einer tieferen Ebene verändern.

Es ist einfach, Verhaltensweisen zu ändern, zumindest wesentlich einfacher als Denkweisen, die tief in deinem Charakter verankert sind. Wenn du dich beispielsweise schwertust, Freundschaften zu schließen, kannst du beginnen, gezielt dein Verhalten zu verändern und dich darin üben, Kontakte aufzubauen. Noch besser wäre es allerdings, eine Ebene tiefer zu gehen, dich mit deinen Paradigmen zu beschäftigen, also deinen Grundmustern. Warum bin ich eigentlich so, wie ich bin? Gibt es Auslöser dafür? Sind in meinem Leben Dinge passiert, die mich blockieren? Stecken Ängste in mir?

In einigen Bereichen der Jüngerschaft kommst du nicht darum herum, dich deiner Vergangenheit zu stellen. Wir wurden über Jahre geprägt. In Wirklichkeit in manchen Bereichen über Generationen. Egal, wie alt du bist, das Leben ließ schon tiefe Spuren in dir zurück: Prägungen, Einstellungen, Neigungen, Werte und jede Menge Lebenserfahrungen. Die Auseinandersetzung mit Jüngerschaft ist unumgänglich eine tiefe Auseinandersetzung mit dir selbst. Deine Vergangenheit ist eine Erklärung, aber keine Rechtfertigung.

Es besteht fortlaufend die Versuchung, die Auseinandersetzung mit sich selbst durch ein Antrainieren von scheinbar besseren Verhaltensweisen zu vermeiden. Das ist verständlich, denn sich eigenen Verletzungen und Schwächen zu stellen, ist immer mit Schmerz verbunden. Letztlich führt aber kein Weg daran vorbei. Abkürzungen in diesem Prozess, der durchaus ein Leben lang dauern wird, führen letztlich nicht in den Frieden, in den »Schalom« Gottes.

Eine Lebensweisheit lautet: Wenn du deine Verwundungen nicht im Licht Gottes heilen und transformieren lässt, wirst du genau diese Verwundungen ausstrahlen. Zuerst in deine Partnerschaft, in deine Familie, zu deinen Freunden, deinen Arbeitskollegen und schließlich in dein ganzes Umfeld! Die Wahrheit dieses Satzes erleben wir in unserem Leben beinahe täglich. Entlarvende Sätze sind Äußerungen wie: »Schon sein Vater und sein Großvater waren so wie er ...«

Der Prozess der Jüngerschaft besteht aus Veränderungen unserer Denkweise und Erkenntnissen über das Leben an der Hand Gottes. Wenn wir unsere Identität, die ihren Ursprung in Gott hat, begreifen, dann ändert sich unser Verhalten automatisch, weil sich unsere Grundüberzeugungen ändern. Da braucht es keine weitere Anstrengung. Heil werden wir auf Erden nie zur Gänze sein. Aber der Weg des »Heiler-Werdens« ist ein Schlüssel in der Nachfolge. Gott will immer das Leben in Fülle (vgl. Johannes 10,10). Wenn wir uns ihm zuwenden, werden wir viele Schlüsselerkenntnisse haben, die lebensfördernd sind und uns in dieser Hinsicht aufblühen lassen.

Durchbrüche & Dammbrüche

Um in Jüngerschaft wachsen zu können, brauchen wir immer wieder kleine und große geistliche Durchbrüche und Dammbrüche. Damit sind grundlegende Fortschritte in unserer persönlichen Entwicklung gemeint, die uns ein großes Stück voranbringen. Wir machen also plötzlich einen »Sprung nach vorne«. Solche Durchbrüche bestehen im Wesentlichen aus drei Komponenten: einer kognitiven Auseinandersetzung mit einer Erkenntnis, dem emotionalen Durchringen und dem Faktor Zeit. Sie liegen nur teilweise in unserer Hand, hier müssen wir auch auf das Handeln Gottes vertrauen. Das ist wie mit dem Gebet: Wenn wir beten, beginnt Gott zu handeln. Er macht sich oft bewusst von uns abhängig in einer Sache – obwohl er doch immer souverän bleibt und nicht an unsere Gebete gebunden ist. Dennoch wirkt er, wenn wir beten, weil wir die Voraussetzung für sein Handeln schaffen. Ähnlich ist es mit Durchbrüchen.

Damit wir solche Dammbrüche erleben, müssen wir uns im Klaren darüber sein, wie sie möglich werden. Sie helfen uns, Erkenntnisse existenziell in unser Denken und Handeln zu integrieren.

Gott macht sich oft bewusst von uns abhängig in einer Sache – obwohl er doch immer souverän bleibt und nicht an unsere Gebete gebunden ist.

1. Kognitive Auseinandersetzung

Wir alle sind auf der Suche nach Wahrheit. Gott hat uns dafür auch den Verstand gegeben. Es ist unerlässlich, eine Fragestellung oder ein Problem nüchtern zu durchdenken. Das sind oft ganz allgemeine Fragen, die Gott oder dein Leben betreffen. Vielleicht: »Gibt es ein Leben nach dem Tod? Meint es Gott wirklich gut mit mir? Sorgt er auch finanziell für mich? Kann ich davon ausgehen, dass Gott einen Plan für mein Leben hat?« Und so weiter. Wir brauchen das Ringen um gute Argumente und das Verstehen.

Ich denke gelegentlich an einen alten Hit meiner Jugendtage. Im Refrain heißt es: »Tausendmal berührt, tausendmal ist nichts passiert. Tausend und eine Nacht und es hat ›Zoom‹ gemacht!« Manchmal diskutieren wir mit Menschen über eine Sache stundenlang oder versuchen ihnen vergeblich, irgendetwas zu erklären, aber es ändert sich nichts. Dann plötzlich kann es von einem Moment auf den nächsten sein, dass dieselbe Person ihre Meinung über Gott oder eine Sache ändert. Sie hatte einen Erkenntnisdurchbruch.

Ähnlich ist es beim Bibellesen. Vielleicht hast du manche Stellen schon hundertmal gehört. Dann hörst du sie noch mal und plötzlich fällt eine Erkenntnis in dein Herz und du beginnst die Stelle neu zu verstehen.

Das Wort Gottes bietet einen guten Rahmen für unsere Suche nach Wahrheit. Hier finden wir viele Wegweiser, die natürlich in den geschichtlichen und kulturellen Kontext seiner Zeit verpackt sind. Wenn wir sie in unsere heutige Welt übertragen, sind in ihnen hilfreiche Prinzipien über Gott und unser Leben versteckt.

Es gibt Dinge, die wir oft hören und uns nicht berühren. Und dann gibt es Augenblicke, wo es einfach »Zoom« macht und wir plötzlich verstehen.

Für einen kognitiven Durchbruch ist es also unerlässlich, dass wir unseren Geist »füttern« und uns herausfordernden Themen, in denen wir wachsen wollen, bewusst stellen.

2. Emotionales Durchringen

Verstehen allein ist aber noch nicht genug. Die Erkenntnis muss die – oftmals längste – Reise der Welt antreten: die berühmten 32 cm vom Kopf bis ins Herz. Das geht mal schneller, mal langsamer. Eine der besten Möglichkeiten für das emotionale Durchringen ist deine persönliche »Stille Zeit mit Gott«. Das sind diese exklusiven Zeiten, in denen du mit Gott gemeinsam auf dein Leben, deine Träume und dein Erlebtes blickst. Es sind die Zeiten des Reifens und Erkennens, des Bewusstwerdens von Wesentlichem.

Natürlich findet diese Begegnung in der Tiefe unseres Herzens statt. Aber es braucht dafür auch einen physischen Ort, der uns hilft, uns Gott auszuliefern. Für manche kann das ein schöner Platz im Garten, in einem Gebetsraum oder einfach nur ein bequemer Couch-Sessel sein. Ich habe von einem Mann gehört, der so einen Sessel hatte, in dem er jeden Tag frühmorgens mit einer Tasse Kaffee seine Bibel las und sich mit Gott über die Geschehnisse des bevorstehenden Tages austauschte. Jeder wusste: Wenn er in dem Stuhl sitzt, hat er gerade ein Date mit Gott. Dieser Sessel war ein so wichtiger Gegenstand für ihn, dass er nach seinem Tod an seinen Sohn weitervererbt wurde, der ebenfalls seine persönlichen Gebetszeiten auf diesem Couchsessel verbrachte.

Dein Ort kann ganz anders aussehen. Vielleicht in einer Kapelle oder Kirche oder auf dem Teppich vor deinem Bett. Aber du brauchst einen Ort der Intimität mit deinem himmlischen Vater. Wenn du noch keinen hast, sichere ihn dir heute noch. Das ist das Herzstück der Nachfolge.

Ich kenne Menschen, die verbringen ihre privaten Zeiten mit Gott bei ausgedehnten Spaziergängen. Oder auf dem Berg. Oder auf dem Bike. Manche hören dabei gerne Lobpreismusik. Andere führen ein Gebetstagebuch, wo sie alles aufschreiben, was sie mit Gott erlebten, was sie bewegt und beschäftigt. Andere malen gerne. Wieder andere lesen und studieren in dieser Zeit das Wort Gottes. Wie und wo auch immer: Stille, exklusive Zeiten mit Gott sind in deinem Leben unerlässlich. In denen kann Gott seine Wahrheit in dein Herz fallen lassen.

3. Der Faktor Zeit

Tausendmal etwas zu hören, kostet Zeit. Auch persönliches Gebet kostet dich Zeit, die du dir bewusst nehmen musst. Geistliche Durchbrüche können nicht erzwungen werden. Warte darauf, bis Gott dir einen schenkt. Blicke ihm mit freudiger Gelassenheit entgegen. Manchmal dauert es wirklich lange und manchmal geht es auch sehr schnell. Nämlich dann, wenn Gott dir einen sogenannten »Kairos-Moment« schenkt.

Wenn du auf der Stelle stehst, nicht weiterkommst, dann kann ich dir eines sagen: »Du liest nicht in der Bibel und hältst keine stille Zeit!«

In der griechischen Mythologie gibt es verschiedene Götter der Zeit. Da gibt es den *Chronos* – ein schreckliches Ungeheuer. Es läuft den Menschen hinterher und raubt ihnen die Lebenszeit. Jede Sekunde, die verstrichen ist, kommt nie wieder. Und dann gibt es den *Kairos* – dargestellt als jungen, attraktiven Mann. Kairos ist der Augenblick, den es zu fassen gilt. Ein Kairos kommt und ist auch schnell wieder weg. Deshalb muss man ihn ergreifen.

Gott schenkt manchmal Durchbrüche in *Kairos*-Momenten. Plötzlich geht einem ein Licht auf, ist der Groschen gefallen.

Hans Peter Royer, ein zu früh verstorbener Prediger, sagte zum Thema des geistlichen Wachstums: »Ich weiß nichts über dein Leben. Aber wenn du auf der Stelle stehst, nicht weiterkommst, dann kann ich dir eines sagen: ›Du liest nicht in der Bibel und hältst keine stille Zeit!‹« Diesen Satz können wir nur bestätigen.

Wenn wir im geistlichen Leben wachsen wollen, brauchen wir Durchbrüche. Um einige kognitive Schlüssel für das Verständnis des Vaterherzens Gottes wird es im Folgenden gehen. Den emotionalen Durchbruch musst du mit Gott selber erringen.

Gott selbst wird Akteur

Wenn wir einen Blick in die Welt werfen, dann sehen wir eine sehr große Rastlosigkeit. Noch nie in der Geschichte der Menschheit war eine Generation von jungen Menschen so sehr der Ablenkung und dem Angebot unzähliger Möglichkeiten ausgesetzt wie heute.

Das Internet ist eine Plattform geworden, die das Wissen der Menschheit an jede Ecke des Planeten bringt. Es ist eine unglaubliche Hilfe, aber zugleich auch eine virtuelle Parallelwelt, in der wir Menschen unseren Sehnsüchten Ausdruck geben und ihnen Erfüllung verschaffen wollen. Bei all den vielfältigen Angeboten bleibt eines klar auf der Bildschirmfläche: die Suche nach Ruhe, nach tiefem Frieden, nach absoluter Anerkennung, nach unverdienter Liebe – in einem Wort: die Sehnsucht danach, nach Hause zu kommen. Ein Zuhause ist immer geprägt von den

Personen, die die Atmosphäre gestalten. In einer vaterlosen Gesellschaft ist der Schrei der ungestillten Sehnsucht nach dem Herzschlag eines liebenden Vaters besonders laut geworden.

War in den letzten zwanzig oder dreißig Jahren die Betonung des Heiligen Geistes als einer der drei Personen der göttlichen Dreifaltigkeit weltweit auffallend ausgeprägt, so scheint in den letzten paar Jahren Gott als Vater neu in den Vordergrund zu rücken. Um gleich allen Vorbehalten den Wind aus den Segeln zu nehmen: natürlich! Natürlich sind alle drei Personen gleichwertig, anbetungswürdig, notwendig und in den persönlichen Attributen etwas unterschiedlich ausgeprägt.

Und dennoch, nach einigen Jahrzehnten großer Betonung des Heiligen Geistes wächst quer durch unterschiedliche Kirchen, Gemeinden, Bewegungen und Dienste eine – vielleicht noch nie in dieser Breite da gewesene – Auseinandersetzung mit Gott als dem Vater der Ewigkeit.

Nachdem wir absolut nicht an Zufälle und Schicksal glauben, scheint eine gewisse Strategie des Himmels dahinterzustehen. Liegt es an der vaterlosen Gesellschaft heute, an den allgemeinen Nöten der Zeit oder ruft Gott uns ganz neu, Heimat und Geborgenheit bei ihm zu finden?

Wie auch immer: Was wir deutlich sehen, ist, dass wir in einer Zeit leben, in der Gott selber aktiv eingreift. Wir leben auf einer Mission Base und sehen täglich, wie Menschen aus dem Karrierekarussell aussteigen und ihr Leben umkrempeln, weil sie eine radikale Erfahrung mit Gott gemacht haben. Bei unseren Gottesdiensten ist es sehr gängig, dass Atheisten und Agnostiker dabei sind, die sich gerade auf den Weg machen, Gott zu begegnen. Jede Woche schneien E-Mails herein von Menschen, die »zufällig« auf unseren YouTube-Kanal stoßen und sich dadurch auf das Abenteuer »Gott« einlassen. Unsere Kamerafrau aus Berlin – in völlig atheistischem Umfeld aufgewachsen – hat ihre ersten Gottesdienste über Stream mitgefeiert. Ein Jahr danach wurde sie bei uns im Haus in Anwesenheit ihrer halben atheistischen Familie getauft. Gott tut etwas. Er selbst ergreift die Initiative.

Kürzlich diskutierten zwei Gelehrte, ob man Gott Gefühle und Emotionen zuschreiben könne. Scheinbar gibt es in dieser Frage Unklarheiten quer durch alle Gesellschaftsschichten. Mich hat es total erstaunt, dass zwei Theologen sich überhaupt über diese Frage austauschen. Das ist ungefähr so, als würde man fragen, ob zwei frisch Verliebte Gefühle füreinander empfinden! Haben sie vielleicht bloß rationale Gründe gefunden, warum man sich lieben könnte?

Wenn wir Gefühle haben und nach dem Abbild Gottes geschaffen sind, dann muss doch Gott auch fühlen können. Wenn er liebt, dann kann er auch fühlen. Seine größte Eigenschaft ist seine Barmherzigkeit. Er besitzt ein stark mitfühlendes Herz.

Die Auseinandersetzung mit Gott dem Vater, das Erahnen seiner Gedanken und ja, tatsächlich, das Verstehenlernen seiner Leidenschaften, seiner Gefühle und seiner Handlungen dem Menschen gegenüber ist Grundlage und Säule von Jüngerschaft. Wenn wir Gott nachfolgen wollen, müssen wir wissen, wer er ist und was sein Herz bewegt.

Im Folgenden sollen die vier wesentlichen Fundamente der Jüngerschaft einmal im Überblick vorgestellt werden. Warum gerade diese vier? Weil sie die Eckpunkte unserer Beziehung zu Gott darstellen. Sie betreffen die Identität Gottes (Vaterherz), unsere eigene Identität, unsere Kommunikation mit ihm (Stimme Gottes hören) und unsere Beziehung zu ihm (Jesus als König). Das sind die grundlegenden Aspekte, die in jeder Beziehung geklärt sein müssen: Wer bist du, wer bin ich, wie kommunizieren wir miteinander und wer sind wir in Abhängigkeit zueinander?

Ein Satz, der bei Jüngerschaftsstudenten besonders oft fällt, lautet: »Ich bin geliebt vor jeder Leistung und trotz aller

Schuld.« Junge Menschen in der Blüte ihres Lebens machen bei Gott die Erfahrung, dass er sie ganz anders, noch viel größer sieht als sie sich selbst jemals sehen könnten. Er ist ein Gott, der sich um sie kümmert und extrem große Abenteuer für sie bereithält. Wer dann auch noch versteht, was es bedeutet, dass Jesus unser guter König ist, der in unserem Leben regieren möchte, der hat schon sehr viel davon begriffen, wie das Leben wirklich gut gelingen kann.

Wir glauben, dass diese vier Säulen ein absoluter Schlüssel für ein Tor zum größten Abenteuer des Lebens sind – der Jüngerschaft. Nach einem kurzen Überblick gehen wir in den nächsten Kapiteln intensiver auf jeden einzelnen der vier Bereiche ein.

Das erste Fundament: das Vaterherz Gottes

Wer ist Gott? Das ist die grundsätzliche Frage, die viele Menschen durch die Geschichte hindurch umtreibt. Wir sollen Gott lieben und ihm vertrauen. Wie aber kann ich jemandem vertrauen, den ich nicht kenne? Für viele Menschen ist Gott ein Fremder, der nur relevant wird, wenn etwas passiert, das sie nicht mehr unter Kontrolle haben. Dann fragen sie, wie er so etwas zulassen konnte. Er tritt also nur auf die Bildschirmfläche, wenn er – gefühlt – nicht da war.

Um Gott zu vertrauen, ist es unerlässlich, sich mit ihm auseinanderzusetzen und seinen Charakter zu studieren. Dabei werden wir eins feststellen: Gott geht mit uns ein großes Risiko ein. Er sagt, er sei wie ein Vater zu uns. Das bedeutet, dass er eine besondere Intimität zu uns sucht. Auf eine Weise, dass wir ihn verletzen können.

Die ersten Wochen unserer Jüngerschaftsprogramme sind wir damit beschäftigt, »falsche Gottesbilder« in ein biblisches

Licht zu rücken. Diese falschen Bilder sind weit verbreitet, sehr subtil und sitzen tief. Sie werden uns durch unser direktes Umfeld vermittelt. Durch Eltern, Verwandte, Freunde, sogar durch Pastoren, Priester und Lehrer. Nicht in böser Absicht. Eher durch Unbedachtheit, eigene Erfahrungen oder schlicht fehlende Bibelkenntnis.

Um Gott zu vertrauen, ist es unerlässlich, sich mit ihm auseinanderzusetzen und seinen Charakter zu studieren.

Auch durch den Volksglauben oder dümmliche Sprichwörter entstehen tiefe Überzeugungen. Wie oft hört man: »Kleine Sünden bestraft der liebe Gott sofort« und ähnlichen Schwachsinn. Viele Menschen interpretieren folglich Unannehmlichkeiten oder vermeintliche Schicksalsschläge als eine direkte Folge eines bestimmten Verhaltens. Solche unreflektierten Behauptungen prägen uns und bestimmen unser Denken über Gott, unseren Vater.

Wir alle haben Vatererfahrungen gemacht, sowohl positiver als auch negativer Art. Oft waren diese gar nicht von unserem irdischen Vater intendiert, aber auch er ist geprägt von den Erfahrungen mit seinem Vater. So werden Verhaltensmuster weitergegeben und wir empfinden diese als »normal«, weil wir nichts anderes kennen. Wenn wir aber Gott als den »Papa im Original« studieren, merken wir, dass es oft einiger Heilung bedarf.

Die Beschäftigung mit dem Vaterherzen Gottes hat deshalb nicht nur Auswirkungen auf unsere irdische Vaterbeziehung, sondern auf unser Selbstverständnis als geliebte Söhne und Töchter eines absolut verliebten Gottes, also auf unsere Identität. Darum geht es im zweiten Fundament.

Das zweite Fundament: Identität & Selbstannahme

Das erste Fundament sorgt schon für einen guten Stand. Aber Erdbeben kommen. Stellen wir unser Gebäude daher weiter auf festen Boden. Die nächste Frage, die sich aufdrängt, ist jene nach unserer ureigenen Identität. Wenn die Frage, wer Gott ist, geklärt ist, kommt die Frage, wer wir eigentlich sind. Sehr oft sind wir selbst die Person, die wir am schwersten lieben können.

Jedes Mal, wenn das Thema »Identität und Selbstannahme« auf unserem Lehrplan der neunmonatigen Jüngerschaftsschule steht, müssen wir unsere Kühlschränke besonders oft nachfüllen. Denn dieser Themenblock geht tief. Und je tiefer unsere Studenten an ihrer Persönlichkeit arbeiten, desto höher ist der Lebensmittelverbrauch in diesen Wochen. Kompensation. Etwas im Spaß haben wir deshalb diesen Ausspruch kreiert: »Viele Probleme löst dein Kühlschrank. Manche musst du selber lösen.«

Wirft man einen Blick in die Regale von Buchhandlungen, eröffnet sich einem ein Riesenangebot an Büchern, die sich um das Thema »Selbstverwirklichung« drehen. Es gibt viele Versprechungen, wie man nach dem Lesen des Buches erfolgreicher, durchsetzungsstärker, reicher, glücklicher, ausgeglichener, schöner und noch vieles mehr wird. Auch alle Arten von Persönlichkeitstests und Typ-Bestimmungen erfreuen sich großer Beliebtheit.

Menschen sehnen sich danach, mehr über sich zu erfahren und sich zu verändern. Warum? Vermutlich hauptsächlich, um den vermeintlichen Ansprüchen der Gesellschaft, den Medien und manchmal auch den Erwartungen von Freunden und Arbeitskollegen besser zu entsprechen.

Der Unterschied zwischen dem, wie wir gerne sein würden,

um allen Ansprüchen gerecht zu werden, und unserer aktuellen Wahrnehmung von uns selbst führt uns in einen ständigen Konflikt. Im besten Fall bringt uns diese Spannung dazu, unsere Erwartungen zu überdenken, im schlechtesten Fall, uns selbst abzulehnen oder gar zu hassen. Die Selbstablehnung schließlich raubt uns unseren Selbstwert, schränkt unseren Gestaltungsspielraum ein, limitiert unsere Talente und Begabungen, erschwert gesunde Beziehungen und fördert ein waisenkindähnliches Verhalten, das sich ständig seine Bestätigung und Anerkennung erkämpfen muss.

Gerade unter jungen Erwachsenen ist die Unzufriedenheit mit sich selbst weit verbreitet. Da fühlt sich einer zu klein gewachsen, ein anderer zu groß. Dort passen die Haare nicht, hier der Busen nicht. Da scheint ein Freund in einem Bereich viel talentierter zu sein, hier grämt man sich wegen seiner Schwächen. Letztlich drückt man mit diesem Denken über die empfundenen Mängel nur eines aus: Der perfekte und gute Gott hat bei mir einen Fehler gemacht.

Die Wahrheit ist aber: Gott hat uns wunderbar geschaffen. Seit Ewigkeiten erdacht und in die Welt hineingeliebt. Diese Wahrheit muss tief in unser Herz sickern. Erst wenn wir begreifen, wie Gott uns gemacht hat, können wir zur vollen Entfaltung unseres Potenzials kommen. Selbst unsere Berufung fließt aus unserem Sein heraus. Das bedeutet: Ohne zu verstehen, wer du bist, kannst du nicht zur vollen Erkenntnis deiner Sendung kommen. Es meint aber auch, dass du in deine Geschichte hineingehen musst, die auch geprägt ist von alten Verletzungen. Du kommst nicht darum herum.

Mit zwei Fundamenten steht dein Wolkenkratzer schon recht stabil. Auf zum dritten!

Das dritte Fundament: Gottes Stimme hören

Zuerst ging es darum, Gott kennenzulernen, zu erfahren, wer er ist und wie er über den Menschen denkt. Erst wenn ich beginne, zu erahnen, wer Gott ist, kann ich anfangen, mich selber zu entdecken und herauszufinden, warum ich so bin, wie ich bin. Das war der zweite Schritt. Als Nächstes stellen viele die Frage: »Und jetzt? Was soll ich tun? Wie kann ich Gottes Stimme hören und spricht Gott überhaupt zu uns Menschen? Tut er das vor allem auch heute noch?«

Oft stelle ich, Patrick, die provokante Gegenfrage: »Was machst du in allen deinen Gebetszeiten und in den Gottesdiensten, die du besuchst, wenn du Gottes Stimme nicht hörst?« Und manchmal setze ich noch einen drauf: »Das muss ja total langweilig sein.« Es wird mir oft vorsichtig zugenickt.

Eines unserer beliebtesten Wochenendseminare trägt den Titel: »Gottes Stimme hören«. Keine Veranstaltung, die wir machen, ist so schnell ausgebucht wie diese. Das Interesse scheint groß zu sein.

Man sieht bei diesen Seminaren immer eine besonders freudige Anspannung in den Gesichtern der Teilnehmer. Als Erstes erkläre ich, Patrick, dann, dass ich sie leider in der nächsten halben Stunde, wenn es um die Grundlagen geht, sehr enttäuschen werde. Menschen erwarten immer ein übernatürliches Tool, mit dem sie plötzlich hörbar eine tiefe Stimme aus dem Himmel wahrnehmen, die ihnen wie ein Navi Anweisungen gibt. Wenn ich dann aber sage, dass sie Gott so nicht hören werden, nimmt tatsächlich die Begeisterung deutlich ab. Doch einige Stunden später beginnen die Teilnehmer zu verstehen, wie man Gottes Stimme hören kann. Es gibt keine besondere Technik, man muss nicht besonders heilig sein, man muss nicht mal die Augen schließen und »hmmmmmmmm« sagen. Aber man muss das Prinzip verstehen. Dann wird die Begeisterung wieder richtig groß, wie einfach und praxisnah Gott mit uns kommuniziert.

Es ist wie bei einem alten Radio. Du hörst immer etwas. Mal rauscht es, mal hörst du einen Radiosprecher, dann einen anderen, dann kommt Musik. Je nachdem, wohin du das Rad für die Sendersuche drehst. Letztlich musst du wissen, welchen Sender du hören willst, um ihn zu finden. Und dabei helfen einige einfache Grundregeln. Gott spricht immer und ständig zu uns. Durch sein »lebendiges Wort«, also die Bibel, durch Umstände, durch andere Menschen, durch innere Gedanken und durch konkrete Bilder und Träume. Manchmal auch durch eine klar hörbare Stimme oder eine Vision. (Übrigens, wenn du jetzt überlegst, ob etwas in deiner Vergangenheit eine Vision war oder nicht, war es keine. Wenn du eine hattest, weißt du es.)

»Gottes Stimme hören« hat eine Schwester, nämlich die »Unterscheidung der Geister«. Diese beiden gehören untrennbar zusammen. Eines geht nicht ohne das andere. Du kannst Gottes Stimme nicht klar identifizieren, wenn du nicht die Grundsätze von der Unterscheidung der Geister kennst.

Je mehr du dich darin einübst, Gottes Stimme zu hören, umso abenteuerlicher wird dein Glaube. Du wirst viele Wunder sehn. Gott wird spürbar in dein Leben eingreifen. Und er wird dich auf unglaubliche Weise gebrauchen. Wenn du dann auch noch die vierte Grundfeste legst und Jesus zum König deines Lebens machst, dann steht deinem großen Abenteuer mit Gott nichts mehr im Weg.

Das vierte Fundament: Jesus als König über deinem Leben

Jetzt weißt du, wer Gott ist. Wenn du deine Identität entdeckst, erkennst du auch deine Würde als geliebter Sohn oder als auserwählte Tochter Gottes. Indem du die Stimme Gottes hören lernst, weißt du, wie du mit deinem Vater im Himmel in Verbindung, in Beziehung bleiben kannst. Dein Vertrauen ist gewachsen. Je mehr Zeit du mit Gott verbringst, desto mehr beginnst du Prinzipien des Reiches Gottes zu verstehen. Jetzt kommt der Höhepunkt: Jesus als der König über deinem Leben. Und damit ist das »ganze Leben« gemeint. Und das ist gar nicht so einfach.

Es fällt dir möglicherweise leicht, Jesus in den Bereichen Studium, Beruf, Freunde, Glaube usw. zu vertrauen. Aber Jesus möchte, dass wir ihm in *allen* Bereichen vertrauen. Auch in der Wahl deines Ehepartners, in Geldangelegenheiten, Gesundheit und Sexualität.

Eine sogenannte »Lebensübergabe« ist ein wundervoller Akt des Vertrauens. Bei besonderen Gelegenheiten und Gebetsveranstaltungen wird dazu manchmal aufgerufen. Man kann eine Lebensübergabe aber auch ganz einfach und im Privaten machen. Es ist ein kurzes Gebet:

Jesus, ich weiß, dass du absolut gute Pläne für mein Leben hast. Danke, dass du mich ins Leben geliebt hast. Ich habe gesündigt und bereue meine Schuld. Du hast mich durch deinen Tod am Kreuz freigekauft. Ich übergebe dir mein Leben. Du sollst der Herr über alles in meinem Leben sein.

So oder so ähnlich kann man diese Übergabe formulieren. Du bekennst öffentlich, dass du mit deinem ganzen Leben zu Gott gehören möchtest und seinen Erlösungspreis annimmst. Du bekennst, dass du zur Familie Gottes dazugehören möchtest und Christus und die Macht seiner Auferstehung als dein Gewand anlegst (vgl. Galater 3,27).

Das Problem ist, dass wir gern ein wenig –oder auch gar nicht so wenig – schummeln. Ein häufiger Gedanke ist nämlich der: »Jesus, ich vertraue dir alles an, nur meinen Ehepartner wähle ich selber. Du weißt ja gar nicht, wie das ist. Du warst ja nie verheiratet.«

Oder: »Jesus, du bist König über meinem Leben. Aber um meine Finanzen kümmere ich mich selber. Du hast mit Judas, deinem Kassenverwalter, auch kein gutes Händchen bewiesen. Und den zehnten Teil meines Einkommens meiner Gemeinde zur Verfügung stellen – also, wie stellst du dir das vor?«

Solche Ausflüchte können wir in allen Bereichen unseres Lebens finden. Sei es Geld, Partner, Familie, Beruf, Sexualität, Gesundheit, Süchte, deine größeren und kleineren »Nebengötter« (Götzen genannt) oder was auch immer.

Das Grundproblem, warum wir Gott nicht Herr sein lassen, ist mangelndes Vertrauen und ein falsches Gottesbild. Manche haben vielleicht Angst, dass Gott ihnen eine schreckliche Frau gibt, damit sie dann ein möglichst mühsames und freudloses Leben haben. Oder einen Mann, der nur vor dem Fernseher sitzt und Bier trinkt. Oder dass ein Engagement in der Gemeinde oder für Schwache in der Gesellschaft den persönlichen Ruin bedeutet. Manche befürchten auch, wenn sie Gott ihr Leben geben, wird er sie ins Kloster schicken. Diese Denkmuster sind grundfalsch, wenn man das Wesen Gottes kennt. Man muss ihnen an der Wurzel begegnen. Dass Jesus unsere Sehnsüchte besser kennt als wir selber und sie in größerem Maß erfüllen möchte –das müssen wir erst lernen.

Was also die Königsherrschaft Jesu in deinem Leben bedeutet, wie sehr er uns dadurch in eine wahrhaftige Freiheit kommen lässt und wie Jesus seine Rechte niedergelegt hat, darum geht es im Kapitel »Jesus als Herr und König«.

Und das ist alles?

Nein. Natürlich nicht. Jedes dieser vier Fundamente berührt nochmals weitere Bereiche. Zum Beispiel die Themen, wie wir um Heilung beten oder Fürbitte halten. Wie wir Antwort geben auf den Ruf Gottes in unserem Leben. Wie wir anderen von Jesus erzählen. Wie wir im Heiligen Geist agieren oder im Kampf der Gedanken als Sieger hervorgehen können. Das alles sind weiterführende Themenblöcke, die absolut wichtig sind. Aber eine intensive Auseinandersetzung mit den Grundfundamenten verhilft deinem geistlichen Hochhaus zu einer sehr soliden Standfestigkeit, auf der du dann weiterbauen kannst. Die Themen sind auch nie final erledigt. Zumindest nicht hier auf Erden. Aber je mehr wir uns Gott widmen, umso mehr verstehen wir seine Denkweise und beginnen, uns gewisse »Reich Gottes«-Prinzipien anzueignen.

Lass uns nun beginnen, tiefer in das Abenteuer Jüngerschaft einzusteigen. Anschnallen – es geht los!

KAPITEL 3

DIE GRÖSSTE ENTDECKUNG

Das erste Fundament: das leidenschaftliche Vaterherz Gottes

Arthur, das Schaf

Als junger Erwachsener, noch jünger an Lebenserfahrung, die Ausbildung beendet und gerade bitter enttäuscht von der ersten Herausforderung des Lebens (nein, ausnahmsweise war keine Frau im Spiel) begann ich, Patrick, etwas überstürzt einen neuen Lebensabschnitt in Irland. Nachdem man ja von etwas leben muss und meine Ausbildung weder mich noch irgendjemand anderen überzeugte, griff ich auf eine Leidenschaft zurück, die mich schon mein ganzes Leben begleitet hatte: die Reiterei. Also heuerte ich bei einem großen Reitstall in spektakulärer Umgebung an. Vor mir endlose Sandstrände der Atlantikküste, dahinter scheinbar nie enden wollende Sanddünen und daneben saftigste Weiden und unser Reitstall in der Form eines nach allen Seiten hin geschlossenen recht großen Holzbaus. Weiß natürlich. Rosamunde Pilcher wäre blass geworden vor Neid.

Ich war als Reitlehrer angestellt und führte hauptsächlich Touristen auf verschiedenen Trails. Das war so weit auch wunderbar. Bis ich Direktor des »Petting Zoos«, eines kleinen Streichelzoos für Kinder in der Mitte unseres Reitstalls, wurde. Ein Esel mit dem Namen Jerusalem, Flöhe überall, eine Ziege – spätestens seit damals weiß ich, woher das Wort »zickig« kommt –, ein weiteres Tier, keine Ahnung mehr welches, und dann noch dieses Schaf: Arthur. Braune Wolle, ein paar schwarze Flecken im Fell, nicht viel größer als ein gewöhnlicher Hund, nettes Gesicht und an Stur- und Blödheit nicht zu übertreffen! Das war mein Streichelzoo. Stolz war ich nicht auf meinen neuen Job. Morgens füttern, bürsten, manchmal den Esel entlausen. That's it. Wenn – ja, wenn nicht dieses wirklich dumme Schaf Arthur mit von der Partie gewesen wäre.

Erster Tag: Ich füttere, vermisse Arthur, suche überall und finde ihn schließlich hinter einer Scheune auf einer Geröllhalde stehen. Nehme ihn und bringe ihn zurück. Nächster Tag, dasselbe. Ende der ersten Woche, nichts Neues. Jeden Tag dasselbe. Arthur suchen, finden – wie immer hinter der Scheune im Geröll –, zurückbringen, füttern und das war's. Inzwischen hatte ich mir einen eigenen Arthur-Griff angewöhnt. Zur Beschleunigung meiner täglichen Routine. Linke Hand am linken Hals von Arthur festgekrallt, rechte Hand an der Flanke. Und ab nach Hause.

Nach zwei Wochen stieg mein Aggressionspotenzial. Der Schwung, mit dem ich das Schaf auf die Wiese in der Mitte des Stalles setzte, wurde größer, der freie Flug von Arthur etwas länger. In der dritten Woche erschrak ich über mich selbst. Zur Verlängerung der Flugbahn kam ein leichter Tritt hinterher (an alle Tierschützer, vergesst es! Ich war in einer Ausnahmesituation und der Fall ist verjährt ;-)).

Im fünfzehnten Kapitel des Evangelisten Lukas spricht Jesus auch von einem Schaf. Ein Hirte hat Hundert davon. Eines fehlt. »Welcher Hirte würde nicht die 99 Schafe stehen lassen und das eine verlorene Schaf suchen?«, fragt Jesus. Aus landwirtschaftlicher Sicht eine klare Antwort: keiner! Doch Jesus erzählt, wie der Hirte dem einen Schaf nachgeht. In Kinderbibeln geht er lange, sucht den ganzen Berg ab, findet das Schaf im Gebüsch, zieht es heraus und …

Was würde ich, Patrick, mit so einem Schaf wohl machen? Meinen Spezialgriff anwenden? Würde ich das Schaf mit dem Hirtenstab zurücktreiben? An einem Strick heimziehen? Neunundneunzig wertvolle Schafe ließe ich dabei den ganzen Tag allein!

Doch was tut der Hirte? Er befreit das Schaf aus den Dornen. Sieht es liebevoll und besorgt an. Es muss müde sein, erschöpft. Er nimmt es auf, legt es auf seine Schultern und trägt es den ganzen Weg zurück. So ist Gott zu uns! Das ist sein Charakter! Und sogar noch mehr: Wenn er zurückkommt, feiert er ein Fest. Ein Schaf war verloren und jetzt ist es wieder da.

Wenn ich in mein eigenes Leben schaue, sieht es ganz ähnlich aus. Wie oft bin ich das Schaf aus dem Rosamunde-Pilcher-Reitstall in Irland. Ich lebe an einem sicheren Ort. In Gemeinschaft mit anderen. Werde versorgt. Bin behütet und beschützt. Bekomme bestes Futter, Wasser, werde sogar gebürstet. Und doch ist da eine Kraft in mir, vielleicht eine falsche Sehnsucht, eine Blendung, die mich aus diesem geborgenen Umfeld, aus den Armen Gottes, wegzieht. Und wie oft finde ich mich hinter der Scheune, auf der Geröllhalde meines Lebens wieder.

Gott holt mich aus den Dornen, sieht mich an mit seinem liebenden Blick, legt mich auf seine Schultern und feiert ein Fest für mich und für ihn.

Arthur, das Schaf, stand meist völlig regungslos, unfähig zu handeln, allein und verlassen auf den Steinen herum. Ungesehen in seiner Not. Solche Situationen kenne ich sehr gut. Damit bin ich vertraut. Und Gott als Vater kommt immer wieder und wieder und wieder und bringt mich zurück in sein Licht. Er holt mich aus den Dornen, sieht mich an mit seinem liebenden Blick, legt mich auf seine Schultern und feiert ein Fest für mich und für ihn.

Erst Jahre später habe ich verstanden, was Gott mich damals

als jungen Erwachsenen lehren wollte: Er holt mich heraus aus dem Gestrüpp. Gott feiert mich. Heute beginne ich zu verstehen, wie unendlich groß das Vaterherz Gottes sein muss.

Verlorene Söhne und Paul Kowalski

Der Vater ruft seine Söhne und Töchter nach Hause. Das bedeutet aber auch, dass viele nicht zu Hause sind. Wie im Gleichnis vom barmherzigen Vater in Lukas 15 erleben wir auch in unserer Welt heute, dass es viele verlorene Söhne und Töchter gibt und sich Menschen freiwillig von Gott entfernen.

Erst vor Kurzem habe ich, Berna, erlebt, wie ein junger Mann sich von seiner Familie abkapselte und seinen Eltern erklärte, sie seien für ihn gestorben. Viel Unvergebenheit und Schmerz haben zu einer solchen Eskalation geführt. So etwas dringt wie ein Schwert in das Herz eines Vaters. Es erschüttert wie das verlorene Schaf Arthur zuinnerst auch das Vaterherz Gottes.

Warum aber wählen Menschen die anscheinend so vielversprechende Ferne? Als der jüngere Sohn in dem Gleichnis, das Jesus erzählt, seinen Vater bittet, ihm das Erbe frühzeitig auszubezahlen, muss das in den Ohren eines Juden in etwa so geklungen haben: »Vater, ich wünschte, du wärest jetzt schon tot, dann könnte ich endlich das Geld einsacken, das mir zusteht, und abhauen.«

Ganz objektiv gesehen stand dem Sohn alles, was er zum Leben brauchte, zur Verfügung: ein liebevoller Vater, ein riesiger Hof, viel Besitz, eine erfüllende Arbeit und die Möglichkeit zu tiefen Beziehungen. Aber anscheinend hatte er das Herz des Vaters noch nicht kennengelernt. Im Gegenteil: Er wünschte ihm sogar den Tod, um seinen Besitz schneller ergreifen zu können und seine drängende Sehnsucht nach Sex, Macht und Geld in den Weiten der Welt zu stillen.

Traurig, aber seinem Wunsch nachgebend, erfüllte der sorgenträchtige Vater diese Bitte, wohl wissend, dass sein geliebter Sohn sich freiwillig seiner Intimität entzog. Auch wenn sich dessen Herz gegen ihn wandte, so wusste er tief in seinem Inneren, dass er irgendwann aus der Mentalität des Waisenkindes herauskommen würde, um sehnsüchtig zu ihm nach Hause zurückzukehren. Diese Hoffnung ist es, von der Väter mit verlorenen Söhnen leben müssen – stets segnend, Ausschau haltend und voller Erwartung auf die Rückkehr des Kindes, das mit dem Feuer spielt.

In unserer Zeit sehen wir viele Menschen, die von Gott weglaufen oder nichts von ihm wissen wollen. Da ist zum Beispiel ein junger Mann, der aus einer sehr schwierigen und verworrenen Familiengeschichte kommt. Seine Mutter ist schwer drogenabhängig, sein Vater war ihm lange Zeit unbekannt und sein gewalttätiger und alkoholabhängiger Stiefvater verließ die Familie, als er vier Jahre alt war.

Er selbst ist emotional so schwer verletzt, dass er scheinbar alles Vertrauen in das Gute in der Welt verloren hat. Als ich ihm Gebet angeboten habe, glaubte er, das helfe nicht. Auf die Frage, warum, meinte er: »Gott hat keine Zeit.« Deshalb widmete er sich lieber der Dunkelheit.

Warum ist das so? Ist Gott nicht die Liebe und die Quelle alles Guten? Müsste er nicht schon aufgrund seines Wesens die höchste Anziehungskraft des Universums haben?

Viele Menschen haben allerdings ein sehr falsches Bild von ihm. Sie behaupten zwar, Gott zu kennen, aber oft wirkt es wie unterschiedliche Personen, wenn Menschen von ihm sprechen.

Hier ein kleines Beispiel zur Veranschaulichung: Stell dir vor, Paul Kowalski wohnt in der Rosenallee 23. Du kennst Paul mit seinem ausgefallenen Hipster-Look: dunkler Bart, glänzend (reichlich Bartwachs), viel zu große Sonnenbrille und stets ein oversized Karo-Hemd. Immer, wenn du ihn triffst, ist er auf seiner Vintage-Vesper unterwegs. Zudem liebt er seine Old-School-Tabakpfeife, die er sich bei jeder Gelegenheit genüsslich gönnt.

Eines Tages unterhältst du dich mit jemandem, der Paul Kowalski auch kennt. Er behauptet allerdings, derselbe Paul sei eigentlich ein Punk und laufe nur mit zerrissenen Hosen herum. Außerdem habe er einen blauen Irokesenschnitt und trage keinen Bart.

Kann da von derselben Person die Rede sein? Das scheint schwerlich der Fall. Vielleicht erwähnt dann diese Person noch, dass sie Paul Kowalski das letzte Mal vor zehn Jahren gesehen hat. Dennoch meint sie, Paul wirklich gut zu kennen.

Vielen Menschen geht es genauso, wenn sie von Gott sprechen. Sie sind sich zwar sicher, dass sie wissen, wer er ist, aber haben das letzte Mal vor langer Zeit mit ihm zu tun gehabt – wenn überhaupt. Damit wir wissen, wie Gott ist, müssen wir mit ihm Zeit verbringen. Ihn studieren. Sein Aussehen, seine Eigenschaften, seinen Blick, die Art, wie er spricht, und die Weise, wie er uns genießt.

Noch eine kleine Anekdote, die diese Tatsache auf den Punkt bringt: Ein Christ traf auf der Straße einen Atheisten. Im Gespräch meinte dieser: »Es tut mir leid, ich glaube nicht an Gott.« Der Christ fragte: »Warum glauben Sie nicht?« Der Atheist stellte eifrig die Gegenfrage: »Wie könnte ich an einen Gott glauben, der nie da ist, der die Menschen ihrem Schicksal überlässt, der nur auf Regeln schaut und alle bestraft, die sich nicht an sie halten? Ich glaube nicht an Gott.« Daraufhin antwortete der Christ: »Wissen Sie was? Da haben wir etwas gemeinsam: An diesen Gott glaube ich nämlich auch nicht.«

Die Vorstellungen, die wir von Gott haben, sind sehr unterschiedlich. Tatsächlich entscheidet die Sichtweise, die wir von Gott haben, entscheidend darüber, wie wir unsere Beziehung zu ihm leben – oder eben nicht. Was wir wirklich über Gott denken, definiert im Weiteren, wie wir uns selbst und andere Menschen sehen und behandeln. Umgekehrt: Unsere Taten reflektieren unsere Sichtweise auf die Welt – und auch auf Gott.

Negative Vatererfahrung und ihre Folgen

Wir alle sind Teil einer Familie. Egal, ob wir diese heil erfahren haben oder nicht, Verwundungen durch Väter, die abwesend, bevorzugend, leistungsorientiert oder kontrollierend waren, sind Teil unserer alltäglichen Lebenserfahrung. Niemand hat den perfekten irdischen Vater. Selbst in scheinbar sehr idyllischen Familien kommen wir nicht um Verletzungen herum. Deshalb ist es wichtig, diese Situationen und Verwundungen zu Gott zu bringen, um seine Vaterschaft korrigierend und liebend in unser Leben hereinleuchten zu lassen.

Im Folgenden werden einige negative Vatererfahrungen skizziert. Diese verstehen sich als Typologisierung in dem Sinn, dass sie eine Hilfe zur Einordnung der individuellen Erfahrung darstellen, die in sehr unterschiedlichen Ausmaßen vorliegen kann.

- ***Der abwesende Vater***

  So viele Väter haben keine Zeit für ihre Kinder. Arbeit, Unterhalt, Karriere, Freizeitangebote – vieles hält davon ab, Zeit mit der Familie zu verbringen. Selbst Väter, die anwesend sind, können als abwesend erlebt werden, wenn sie ihren Kindern nicht genug Zuwendung und Aufmerksamkeit schenken.

  Besonders tief ist diese Wunde bei Scheidungskindern. Oft passiert es, dass sich Eltern in der Phase trennen, in der Kinder die Väter am Nötigsten brauchen. Das ist vor allem in der Pubertät der Fall. Während die Mutter den Schutzraum und die Geborgenheit schenkt, die ein Kind am Anfang des Lebens braucht, hat der Vater die Aufgabe, seine Töchter und Söhne zu bestätigen und sie in die Welt hinauszusenden. Erfahren sie diese Sendung nicht, bleibt immer ein klaffendes Loch in der Frage, wer sie eigentlich sind. Die eigene Identität hängt also wesentlich mit der Bestätigung des Vaters zusammen.

Fragen zur persönlichen Reflexion

Wo und wann war mein Vater abwesend? Wo hätte er da sein sollen, war es aber nicht? Wo ist ein Mangel an väterlicher Liebe in mir entstanden?

- ***Der bedürfnisstillende Vater***

Gerade wenn es zu einer Scheidung kommt, plagt Väter oft ein schlechtes Gewissen, wenn sie nicht das Sorgerecht für die Kinder übertragen bekommen. Ein Versuch, das zu kompensieren, ist der übermäßige Versuch, Bedürfnisse zu stillen. Um das schlechte Gewissen zu beruhigen, gibt es materielle Geschenke.

Natürlich ist es auch eine Sprache der Liebe, den Kindern etwas zu schenken und ihnen Herzenswünsche zu erfüllen. Problematisch wird es allerdings, wenn es in einer falschen Ordnung passiert und versucht wird, die Beziehungsebene über die Sachebene wiederherzustellen. Die qualitative Vater-Sohn- oder Vater-Tochter-Zeit bleibt dann oft ein unerreichtes Traumziel.

Fragen zur persönlichen Reflexion

Gab es Situationen, in denen ich meinen Vater nur als jemanden erlebt habe, der meine Bedürfnisse stillt, ohne an mir als Sohn oder Tochter wirklich interessiert zu sein? Wo ist die Beziehungsebene massiv vernachlässigt worden, während oberflächlich meine Bedürfnisse gestillt wurden?

- ***Der leistungsorientierte Vater***

  Dieser Typ ist weit verbreitet, weil wir in der westlichen Welt durch eine sehr leistungsorientierte Gesellschaft geprägt sind. Der Leitspruch über allem lautet in dieser Weltsicht: Du bist, was du tust. Dabei ist ja nicht falsch, dass das Tun einen wesentlichen Teil unseres Seins konstituiert. Aber uns nur über Leistung zu definieren, ist zu kurz gegriffen und bringt uns in immense Drucksituationen. Suchtmittel, Stress, Depression und Burn-out sind Folgen eines solchen Denkens. Wenn die Erwartungen, die uns andere oder wir uns selber auferlegen, zu viel werden, kommt es irgendwann zu einer Eskalation, deren Opfer meist wir selber sind. Leistungsorientierte Väter achten mehr auf den Erfolg der schulischen Noten oder des sportlichen Einsatzes als auf die Beziehungsebene.

  Fragen zur persönlichen Reflexion

  Gab es Situationen in meinem Leben, in denen ich gedacht habe, ich muss mir die Liebe meines Vaters verdienen? Wo definiere ich mich mehr über das, was ich tue, als über das, was ich bin?

- ***Der bevorzugende Vater***

  Bei diesem Typus schenkt der Vater einem seiner Kinder unberechtigt mehr Aufmerksamkeit als den anderen. Vielleicht fühlt er sich aus bestimmten Gründen emotional mehr hingezogen oder hat aufgrund seiner eigenen Verwundungen mehr Affinität zu einem seiner Söhne oder Töchter. Oft kann die Person selbst gar nicht erklären, wie es dazu kommt. Manchmal kann auch die Krankheit oder Behinderung eines Geschwisterteils zu einer solchen vermehrten Aufmerksamkeit führen.

  Die anderen Geschwister merken dies natürlich und es

führt womöglich dazu, dass Eifersucht, Neid, Hass oder andere negative Gefühle gegenüber dem bevorzugten Kind in die Herzen der anderen kommen. Das ist wie Gift in einer Familie und führt unweigerlich zu Missgunst, Neid, Streit und Spaltung.

Fragen zur persönlichen Reflexion

Hat mein Vater meine Schwester oder meinen Bruder bevorzugt? Wo und in welchen Situationen habe ich mich benachteiligt gefühlt? Wo hatte ich das Gefühl, dass mein Vater meine Geschwister mehr liebt als mich? Auf welche Weise habe ich Hass oder Eifersucht in mein Herz kommen lassen?

- ***Der kontrollierende Vater***

  Vielleicht hatte dein Vater einen übermäßigen Zwang zur Kontrolle. Möglicherweise wollte er seine Kinder nur vor negativen Einflüssen schützen. Wenn dies jedoch solche Auswirkungen annimmt, dass man sich massiv in der eigenen Freiheit und Achtung der Würde eingeschränkt fühlt, kann es negative Wunden schlagen. Natürlich ist die Pubertät keine sehr einfache Zeit und Eltern werden in ihrer Autorität stark auf die Probe gestellt. Wenn es aber so weit geht, dass der Vater dem Sohn oder der Tochter generell misstraut und mit Kontrolle und Gewalt sanktioniert, führt das oft zu negativen, schwer gut zu machenden Nachwehen.

Fragen zur persönlichen Reflexion

War mein Vater übermäßig kontrollierend? Wo habe ich ihn unangemessen misstrauisch erlebt? Hatte ich Angst, ihm Dinge zu sagen? An welche konkrete Situation erinnere ich mich?

- ***Der schwache Vater***

  Dieser Vater ist konfliktscheu, untergeordnet, antriebslos und immer müde. Im Haushalt ist es seine Frau, die die Entscheidungen und Regeln vorgibt und sagt, was Sache ist. Er selbst ergreift keine Initiative und es fehlt ihm die Durchsetzungskraft. Wenn er von der Arbeit kommt, widmet er sich zwar den Kindern, jedoch ohne sie zu fördern und herauszufordern. Sein übermäßiges Harmoniebedürfnis und seine Angst vor Konflikten gleichen einer apathischen Lebenseinstellung.

  Fragen zur persönlichen Reflexion

  Hatte mein Vater Angst vor Beziehungsverlust und konnte deshalb keine klaren Grenzen setzen und halten? Hat meine Mutter die Rolle des Vaters eingenommen? Hat mich mein Vater nicht oder zu wenig herausgefordert, sodass ich wachsen konnte? Habe ich das Gefühl, dass er mir zu wenig Stabilität und Sicherheit gegeben hat?

- ***Der gewalttätige Vater***

  Früher war ein gewalttätiger Vater, der bei Verstoß gewisser Regeln schnell handgreiflich geworden ist, gang und gäbe. Die Rute oder der Stock waren auch in schulischer Umgebung eine anerkannte Erziehungsmaßnahme. Wie viel Schaden dadurch angerichtet wurde, sehen wir, wenn diese Menschen Gott als einen strengen Richter sehen, dem es nur darum geht, die Taten der Menschen zu sanktionieren. Vielleicht war dein Vater gewalttätig im Umgang mit deiner Familie und dir. Gerade Alkohol setzt die Hemmschwelle von Gewalt stark herab und fördert unkontrollierte Wutausbrüche. Egal, ob Gewalt als berechtigt oder unberechtigt dargestellt wird, sie hinterlässt meist tiefere Wunden, als sie entgegenzuwirken versucht.

Fragen zur persönlichen Reflexion

Wann hat mein Vater mich bestraft? Gab es Momente, in denen er mich dies auch körperlich oder emotional spüren ließ und mir tiefe Verletzungen zufügte? An welche konkrete Situation erinnere ich mich? Wo muss ich meinem Vater vergeben?

Heilung durch Vergebung

Aus allen unseren negativen und positiven Vatererfahrungen zeichnet sich das Bild, das wir von Gott als Vater haben. Erschreckenderweise ist das Bild von Vaterschaft in unserer Gesellschaft teilweise schon so negativ besetzt, dass Jugendliche sich schwertun, Gott überhaupt als Vater sehen zu wollen. Bei einem Firmlingswochenende mit 70 Jugendlichen sagte ein dreizehnjähriges Mädchen: »Mein Vater hat mich sehr verletzt. Ich wünschte, ich hätte ihn nie kennengelernt. Ich weiß gar nicht, wie ein Vater überhaupt gut sein kann.« Hier wurden Wunden geschlagen, die Identitätszweifel und eine tiefe Selbstablehnung zur Folge hatten.

Die Kernfrage ist nun: Wie können wir eine Heilung von eigenen Vaterwunden erfahren? Wie können wir in unserer Beziehung zu Gott auf ein neues Level kommen? Die Antwort ist: Indem wir uns von Gott wie das Schaf nach Hause tragen lassen. Ihn die Wunden verbinden lassen. Indem wir Zeit mit Gott verbringen. Mit ihm abhängen. Sein Herz studieren. Uns seine Charakterzüge aneignen.

Damit wir Gott vertrauen können, müssen wir ihn kennen. Gott hat tiefe Emotionen. Er fühlt. Wir haben die Macht, ihn zu verletzen, sein Herz zu brechen oder ihn glücklich zu machen. Dein Schmerz und deine Sorgen berühren ihn.

Wir alle brauchen einen Vater. Wir alle sehnen uns nach unverdienter, spontaner, ungezähmter Liebe. Und zugleich haben wir die Erfahrung von verletzter oder entzogener Liebe gemacht. Die Brücke der Heilung kann nur durch Vergebung entstehen. Und vergebende Liebe ist erst möglich, wenn wir begreifen, dass Gott uns schon immer und ständig mit seiner perfekten Vaterliebe geliebt hat, auch während wir verletzt wurden. Das bedeutet, wir empfangen von Gott als Vater und geben Vergebung weiter.

Wenn wir nicht vergeben, tragen wir nach. Das ist das Gegenteil. Stell dir vor, du würdest jeder Person, der du nicht vergibst, einen schweren Stein hinterherschleppen. Der Leidtragende ist dann nicht die andere Person, sondern du. Das macht das Leben sehr anstrengend und kompliziert.

Die Brücke der Heilung kann nur durch Vergebung entstehen.

Vergebung ist zudem eine Entscheidung, die nicht aufgrund von Gefühlen getroffen werden kann. Sie basiert auf einer Kopfsache, die langsam in die emotionale Ebene sickert. Bevor du also spürst, dass du jemandem wirklich von Herzen vergeben kannst, musst du es unzählige Male sagen: »Ich will vergeben. Ich vergebe dir in Jesu Namen.«

Wenn du wahrhaft vergeben kannst, ist der nächste Schritt die Versöhnung. Das ist ein Akt zwischen zwei Personen und geht schon aufs nächste Level. Vergebung passiert in deinem Herzen, Versöhnung im Angesicht der anderen Person, die die Vergebung annimmt. Manchmal ist es nicht möglich, dass man sich gegenübertritt oder die Person ist räumlich distanziert. Dann kannst du es ihr auch auf anderem Wege mitteilen. Schreib ihr zum Beispiel einen Brief und lass sie wissen, dass du ihr vergeben hast. Gerade, wenn du im Zuge dessen auch selber um Verzeihung bitten musst, wird oft eine Lawine der Heilung losgetreten. Gott liebt Vergebung. Sie ist die Voraussetzung für Heilung.

Unsere Vaterwunden beeinflussen aber nicht nur unser eigenes Bild von Gott, sondern sind auch ein massives Hindernis in der eigenen Vaterschaft. Wenn wir selbst nicht die Erfahrung eines liebenden Vaters gemacht haben, ist es sehr schwer, diese Rolle auf gute Weise wahrzunehmen und nicht die eigenen Wunden weiterzugeben. Wir haben dann nicht gelernt, wie ein Vater eigentlich sein sollte und folglich auch kein Bild davon, wie es sein könnte. Deshalb wird ein Vater, dessen eigener Vater keine Emotionen zeigen konnte, sich sehr schwertun, seinen Kindern gegenüber Gefühle zu zeigen. Für alle Männer, die gute Familienväter werden wollen, ist es also unumgänglich, sich mit dem Ur-Verständnis von Vaterschaft auseinanderzusetzen, so wie Gott sie sich gedacht hat. Und nicht nur für sie. Wir alle profitieren davon. Die Töchter und Söhne, indem sie von ihrem Vater Identität empfangen und Vertrauen zu Gott als Vater fassen. Die Ehefrauen, weil sie sich in ihrer Würde gesehen fühlen. Die ganze Gesellschaft, weil sie Männer hervorbringt, die Verantwortung übernehmen und tatsächliche Vorbilder sind.

Es gilt also das Prinzip: Nur wer ein guter Sohn ist, ist auch ein guter Vater. Deshalb bedarf unsere Zeit besonders der Heilung von immensen Vaterwunden.

Heilung durch Beziehung

Während junge Menschen das Vaterherz Gottes studieren und sich mit dem Wesen Gottes auseinandersetzen, schwappt eine Welle von Heilung in ihre familiären Beziehungen. Da ist zum Beispiel ein junger Mann, der nach vielen Jahren den Kontakt zu seinem leiblichen Vater wiederhergestellt hat, indem er ihn in einem Brief um Verzeihung gebeten hat. Einige Wochen später gab es ein klärendes Gespräch, bei dem viele Tränen geflossen sind. Zum ersten Mal konnten sie sich wahrhaftig in die Augen schauen und lange herzlich umarmen.

Wenn wir uns Gott zuwenden, gewinnen alle. Wir selbst, aber auch unsere familiären Beziehungen. Wir empfinden den Wunsch, sie in die richtige Ordnung zu bringen. Wenn du das liest, dann überlege, wie du Heilung in deine irdische Vaterbeziehung bringen kannst. Wo du vergeben musst und wo es vielleicht auch Versöhnung braucht. Wenn es dir zu schwerfällt, deine irdische Vaterbeziehung zu sanieren, dann investiere viel Zeit in deine Beziehung mit deinem »Papa« im Himmel.

Gott hat sich Beziehung ausgedacht. Die Tatsache allein, dass Gott uns in seinem Ebenbild geschaffen hat, gibt genug Aufschluss darüber, dass er mit uns in tiefer Verbindung leben möchte. Mehr noch: Gott hat sich Beziehung nicht nur ausgedacht, er *ist* Beziehung!

Im Endeffekt ist deshalb all unser Tun und Verlangen immer geprägt von einer starken Sehnsucht nach Beziehung – und nicht nur nach irgendeiner, sondern nach tiefer Intimität und absoluter liebender Anerkennung! Wenn wir das nicht bei unserem irdischen Vater erfahren haben, ist es Zeit, uns Gott zuzuwenden, damit wir diese Erfahrung bei ihm nachholen können. So kann auch Heilung in unsere irdische Vaterbeziehung kommen. Plötzlich kannst du vielleicht deinem Papa in die Augen schauen. Du lernst zu sagen: »Papa, ich liebe dich. Ich vergebe dir.« Möglicherweise schaffst du es irgendwann sogar, deinen Papa eine Minute lang zu umarmen. Das ist lang. Gott macht das übrigens jeden Tag mit dir. Wenn du erkennst, wie er dich sieht, dann beginnt eine tiefe Heilung in dein Leben zu sickern. Gott ist dabei übrigens ein absoluter Gentleman. Er nähert sich dir in dem Maß, in dem du dich ihm näherst.

Von Mäusen, Adam, Eva und dem Rauswurf

Viele Menschen haben den Glauben an Gott als irrelevant in ihrem Leben beiseitegeschoben. Der Grund dafür ist, dass ein falsches Bild von ihm massiv ihr Denken bestimmt – sie wollen nichts mit ihm zu tun haben. Ganz ehrlich, mit einem Gott, der langweilig, uninteressant, jähzornig, voller Regelwerke, unnahbar oder lebensfern ist, möchten wir auch nicht viel am Hut haben.

Mit einem Gott, der langweilig, uninteressant, jähzornig, voller Regelwerke, unnahbar oder lebensfern ist, möchten wir auch nicht viel am Hut haben.

Neben unserer Vatererfahrung schleichen sich zusätzlich im Laufe unseres Lebens viele falsche Wahrnehmungen von Gott in unser Herz und erschweren es uns massiv, eine gesunde Beziehung mit dem leidenschaftlichen Herzen unseres Gottes zu pflegen. Viele Menschen glauben noch immer, dass der Gott im Alten Testament ein jähzorniger und unnahbarer Gott ist. Dabei erleben wir ihn auch dort als unheimlich liebevoll.

Ich weiß nicht mehr genau, woher die Sehnsucht kam, doch plötzlich begann sich in meiner (Patricks) Welt als Kind alles um eine Maus zu drehen, nämlich um eine »mexikanische Wüstenspringmaus«. Von einem Tag auf den anderen war mir klar, ich will diese Maus, ich brauche diese Maus und ohne diese Maus kann ich nicht leben. Das einzige Problem war meine Mutter. Genauer gesagt: ein einbetoniertes, unverrückbares »Nein«. Niemals.

Es war nicht irgendeine mexikanische Wüstenspringmaus, sondern es war eine ganz besondere. Sooft es irgendwie möglich war, ging ich nach der Schule bei der Tierhandlung vorbei, um genau meine, nämliche diese eine Maus, zu besuchen. Wenn sich ein Kind etwas in den Kopf gesetzt hat, ist eine Nervensäge nichts dagegen. Ich scheine eine besonders talentierte Nervensäge gewesen zu sein, denn ein paar Wochen später war es so weit.

Von einer Cousine wurde ein nicht mehr gebrauchter Luxus-Kleintierkäfig geholt. Die Freude war riesig. Zumindest meine. Der Käfig hatte sogar zwei Stockwerke. Für meine Maus bereitete ich unten ein kleines Häuschen vor. Und oben. Unten richtete ich eine Futterstelle ein. Und oben. Damit sie nicht extra nach unten klettern müsste, sollte sie gerade oben sein und Hunger bekommen. Selbstverständlich tat ich das auch mit einer Trinkflasche. Die Liebe zu meiner Maus war so groß, dass ich für sie nur das Beste wollte. Die besten Schlafplätze, die besten Futterplätze, die besten Wasserstellen. Alles möglichst komfortabel. Natürlich auch ein Laufrad und, als besondere Spezialität, jede Menge leere Klopapierrollen. Von den Verkäufern der Tierhandlung wusste ich, dass Mäuse leere Klopapierrollen lieben. Und ich wollte nur das Allerbeste.

Der große Tag kam. Wir fuhren zur Tierhandlung und ich bekam meine geliebte Maus.

Oft denke ich an diese Situation zurück. Und sofort muss ich an die Erschaffung des Paradieses und Adam und Eva denken. Wenn ich, Patrick, als Kind schon so eine Freude mit meiner Maus und dem Mäuseparadies – sprich Käfig – hatte, wie groß muss erst die Freude Gottes gewesen sein, wenn er mit Adam und Eva im Paradies spazieren ging (das ja alles andere als ein Käfig war …!)?!

Mit welcher Hingabe und Liebe muss Gott das Paradies für den Menschen geschaffen haben, wenn selbst ich schon so leidenschaftlich eine Wohnstätte für meine Maus bereitet habe?! Mit welcher Freude muss Gott der Vater auf diesen, seinen Adam geblickt haben, wenn ich es schon kaum erwarten konnte, eine kleine Maus aus der Transportschachtel in den Käfig zu lassen?! Wie stolz muss Gott die ersten Schritte Adams verfolgt haben, wenn ich nicht schlafen gehen wollte, weil ich aufgeregt jedes Hoppeln meiner Maus verfolgte?!

Und dann kam, was kommen musste: Die Schlange verführte Eva. Eva und Adam aßen vom Baum, von dem zu essen es nicht gestattet war. Das Paradies verloren. Ich kann nur ahnen, wie groß die Enttäuschung Gottes über Adam und Eva gewesen sein muss. An einem der dunkelsten Tage in der Beziehung Gottes zu seinen Menschen war der Abschied, der Rauswurf aus dem Paradies, unumgänglich.

Diesen Rauswurf stellte ich mir immer sehr bildlich vor. Eben so, wie es auf vielen Kirchenbildern zu sehen ist. Gott packt die beiden, sie fliegen im hohen Bogen raus, mitten hinein in die raue, unwirtliche Welt. Kein Zurück mehr möglich. Engel mit Flammenschwert am Eingang. Alles gelaufen und vorbei. Gott stinksauer, beleidigt und noch mal sauer.

Doch ganz so war es nicht. Vieles über den Charakter und die Emotionen Gottes offenbart sich in kleinen Nebensätzen und in Details, die gerne überlesen werden. Gott suchte nach Adam, der ihm erklärte, dass er sich versteckt habe, weil er nackt war und sich fürchtete. Damit war klar, was los war.

In einem der größten Wendepunkte der Menschheitsgeschichte war Adams größtes Problem, dass er nackt war. Er war vorher genauso nackt gewesen wie in diesem Augenblick. Und was machte dieser unglaubliche Gott? Er sah die Not des kleinen Adam. Und trotz der Enttäuschung teilt uns Genesis 3,21 mit: »Gott, der HERR, machte dem Menschen und seiner Frau Gewänder von Fell und bekleidete sie damit.«

Er sah die Not und zögerte nicht, Adam zu helfen. Dieses Handeln hat keine Auswirkung auf die Weltgeschichte. Es geht nur um Adam selber. Und doch lehrt uns dieser kleine Satz so Tiefes über den Charakter Gottes, unseres Vaters.

Solltest du jemals geglaubt haben, Gott sieht deine Not nicht oder Gott sind deine Sorgen zu klein, dann solltest du jetzt umkehren und ihn um Verzeihung bitten. Du kannst dir sicher sein, Gott sieht alles: deine Sorge, deine Scham, deine Angst und deine Verzweiflung. Und er zögert nicht zu handeln. Vielleicht nicht so, wie du es erwartest, oder nicht zu dem Zeitpunkt, den du willst. Aber er sieht dich. Ganz bestimmt.

Übrigens ist mit dieser Geschichte auch ein alter Streit zwischen Salzburg und Berchtesgaden gelöst: weder die einen noch die anderen haben die Lederhose erfunden. Es war Gott selber. ;-)

Die Bibel ist der Schlüssel

An einer Stelle spricht Jesus über die Beziehung von irdischen Vätern zu ihren Kindern. Er fragt:

> Ist einer unter euch, der seinem Sohn einen Stein gibt, wenn er um Brot bittet, oder eine Schlange, wenn er um einen Fisch bittet? Wenn nun ihr, die ihr böse seid (damit meint er verletzt, gebrochen und innerlich verwundet), euren Kindern gute Gaben zu geben wisst, wie viel mehr wird euer Vater im Himmel denen Gutes geben, die ihn bitten.
>
> **Matthäus 7,9-11**

Wow! Lass diesen Gedanken mal setzen und nimm das mit in deine Zeit mit Gott ...

Vielleicht denkst du jetzt: »Kann das wirklich stimmen? Wer weiß, ob nicht eigentlich etwas ganz anderes damit gemeint ist?«

Die Bibel ist ein sehr klares Buch. Die Autoren der Heiligen Schrift haben sich nicht überlegt, wie sie Dinge so formulieren, damit theologische Fakultäten sich möglichst lange damit beschäftigen können. Sie haben alles aufgeschrieben, damit Menschen wie du und ich verste-

Die Bibel ist ein sehr klares Buch.

hen lernen, wie das Vaterherz Gottes für uns schlägt. Sie haben alles aufgeschrieben, damit du und ich erkennen, dass wir einen Vater im Himmel haben und dass er einen Plan für unser Leben hat. Und dass er bereit ist, alles zu tun, um dich und mich in seine Arme zu nehmen.

Beginne damit, dich jeden Tag mit dem Wort Gottes auseinanderzusetzen. So kannst du immer tiefer eintauchen in die Liebe, die dir der Vater schenken will. Finde die wesentlichen Linien der Bibel heraus. Entdecke die Zusammenhänge zwischen dem Alten und dem Neuen Testament. Lass dich ein auf die spannendste Reise der Welt: auf die Begegnung mit Gott – deinem Vater, deinem Papa.

Waisenkinder

Durch die gefallene Schöpfung leben wir in einer Waisenkindmentalität, die uns immer wieder von unserem Vater wegtreibt. Die Denkweise eines Waisen unterscheidet sich massiv von jener eines Königskindes.

Ein Waisenkind wendet grundsätzlich die Ellbogentechnik an und versucht, sich selbst zu versorgen. Immerzu hat es Angst, dass es zu wenig bekommt, und will sich deshalb seine Rechte erkämpfen. Es tut sich schwer, sich jemandem zu unterstellen, weil es befürchtet, dass es diese Person nicht wirklich gut mit ihm meinen könnte. Einem Waisenkind fehlt es an Grundvertrauen. Es versucht, sich durch Leistung Liebe und Anerkennung zu erarbeiten. Um das Denken in eine Königskindmentalität zu transformieren, müssen wir Gott als Vater besser kennenlernen. Der zweite Schritt ist dann, dass wir uns mit unserer Identität als Königskinder beschäftigen. Wir leben heute in einer Zeit, in der der Vater beständig und leidenschaftlicher denn je Ausschau hält nach seinen geliebten Söhnen und

Töchtern. Mit unglaublichem Verlangen und großer Geduld wartet er auf ihre Rückkehr. Unser Zuhause ist der Himmel – und der Vater wartet.

Vor einigen Jahren lud Nicky Gumble, der Gründer des Alpha-Kurses, zum ersten Mal einen katholischen Kardinal auf die Alpha Leadership Conference im ehrwürdigen Gebäude der Royal Albert Hall in London ein. Rund 5000 Leiter und Pastoren aus allen möglichen christlichen Konfessionen waren versammelt, weitere Tausende verfolgten das Interview per Livestream. Inhaltlich ging es um das Leben von Kardinal Schönborn, dessen Familie in den Wirren des Zweiten Weltkrieges als Sudetendeutsche vertrieben worden war. Am Ende des Interviews stellte Nicky Gumble folgende Frage: »Herr Kardinal, wir sind hier umgeben von Tausenden von Leitern und Kirchenführern aus unterschiedlichen christlichen Kontexten. Welches Wort möchten Sie uns zum Abschluss mitgeben?« Die Antwort brachte etwas auf den Punkt, worum es letzten Endes im christlichen Leben geht. Mit einem sympathischen Lächeln im Gesicht sagte er: »Finally – it's all about coming home to the fatherheart of God.« Schlussendlich geht es darum, zum Vaterherzen Gottes nach Hause zu kommen.

Dieses Wort hat sich in die Herzen vieler eingegraben. Ich glaube, es entspricht einer Wahrheit, die Jesus uns während seiner Zeit auf der Erde zeigen wollte: Es geht in unserem Leben eigentlich darum, nach Hause zu kommen.

Durchbruch

Wir Menschen, egal welchen Alters, können dieses Angebot des Vaters kognitiv und emotional nicht fassen. Aus der Spannung zwischen der Sehnsucht des

Nach-Hause-Kommen-Wollens und der Realität des eigenen Scheiterns entstehen verdrehte Gottesbilder. Der Schaden ist groß. Was wir brauchen, ist ein Durchbruch beim Verständnis des Vaterherzens Gottes. Um diesen Durchbruch müssen wir ringen. Oft täglich. In unserer persönlichen Zeit mit Gott. Durch Studieren seines Charakters. Die Kapazität dieses Herzens ist so groß, dass wir Vergebung ohne Kosten erhalten. Wir müssen weder selbst nach Bestrafung suchen noch sie von außen erwarten. Gott holt uns aus dem Gestrüpp heraus, bringt uns zurück, feiert ein Fest. Immer wieder. Einzig unser Wunsch, nach Hause zu kommen, genügt. Immer wieder.

Jünger werden – darauf kommt es an

- Gott ist dein Papa.
- Gott liebt dich immer.
- Gott sehnt sich nach deinem Nachhausekommen.
- Wenn du Gott als Vater kennenlernst, kommt Heilung in dein Leben.
- Die Erfahrung von Gott als Vater bringt dich auf ein neues Level.

KAPITEL 4

WERDE, WER DU BIST

Das zweite Fundament: Identität und Selbstannahme

Worüber wir uns definieren

Erst kürzlich fand in Salzburg ein Fußballspiel statt. Belgrad spielte gegen Salzburg. Schon im Vorfeld wurden Lokalbesitzer gewarnt, dass es durch die radikalen Fans zu Ausschreitungen kommen könnte, vor denen die Innenstadtlokale nicht sicher seien. Bereits Stunden vor dem Spiel war die ganze Stadt überflutet von Tausenden von Menschen. Unzählige Serben waren angereist und outeten sich durch Flaggen an den Autos, lauter Musik und enthusiastisch gesungenen Fußballhymen, die die Straßen der Stadt erfüllten. Auch die Fans des FC Red Bull Salzburg waren mit ihren Fanartikeln bestens gewappnet. Es war unverkennbar, wer zu welcher Seite gehörte. Schals, Fahnen, Trikots, Caps und die selbstkreierten Fangesänge kennzeichneten die jeweiligen Klubanhänger.

Fußball ist zu einem Identifikationsmerkmal geworden. Junge, alte und mittelalte Menschen – kaum jemand entkommt den sportlichen Events im Wettlauf um einen runden Ball. Hunderte Menschen, vor allem Jungs und Männer, identifizieren sich mit einer Mannschaft so sehr, dass sie zum Beispiel ihr Facebook-Profil mit den Namen ihrer Lieblingsspieler codieren.

Fußball ist etwas, worüber wir uns definieren. Als Österreicher fühlen wir uns international gesehen allerdings etwas minderwertig. Deshalb müssen uns an lang vergangene, einsam glorreiche Spiele wie in Cordoba erinnern – in diesem Fall lag der Sieg gegen Deutschland in österreichischer Hand. Etwas, das scheinbar sonst nicht so schnell passiert. Deshalb sind wir sehr beschäftigt, uns ständig mit unseren deutschen Nachbarn zu vergleichen und die Deutschen schlechtzumachen, damit wir selbst besser dastehen (wie zum Beispiel im Skiweltcup).

Der Grund, warum wir über andere herziehen, ist, dass wir eigentlich nicht in unserer eigenen Identität feststehen.

Der Grund, warum wir über andere herziehen, ist, dass wir eigentlich nicht in unserer eigenen Identität feststehen. Schlecht reden über andere hat meist zur Ursache, dass wir den eigenen Wert erhöhen möchten, um im Vergleich zum anderen besser dazustehen. Normalerweise endet das im genauen Gegenteil.

Jedenfalls machen wir in diesem Denken unsere Identität an einer bestimmten Quelle fest. Wenn es nicht der Sport ist, durch den wir uns präsentieren können, dann ist es womöglich unsere Herkunft. Die bayrische Flagge wird mit Stolz präsentiert, wenn man durch München spaziert. In jedem besseren bayrischen Wirtshaus hängt sie im Gastgarten. Die Nationalität und die eigene Herkunft können eine Quelle unserer Identität sein.

Oft reicht das aber noch nicht aus, schließlich gibt es ja Millionen Landsleute, von denen man sich in der Hinsicht nicht unterscheidet! Deshalb halten viele Ausschau nach einer anderen Ressource, durch die sie sich definieren können. Für manche ist es der Job.

Beobachte dich mal selbst, wenn du neue Leute kennenlernst. Die erste Frage nach dem Namen ist jene nach der Herkunft und schon als Nächstes folgt die nach Beruf oder Ausbildung. Zu einem gewissen Grad haben wir die Wahl, was die Ausbildung und unsere Arbeitsstelle betrifft. Wenn wir aber durch Umstände gebunden sind, kann es sehr unangenehm sein, nach dem Job gefragt und dadurch definiert zu werden. Als Einrichtung helfen wir in der HOME Mission Base Salzburg mit, eine Suppenküche für Obdachlose und Suchtkranke zu betreuen. Wenn man die Gäste dort fragt, was sie beruflich machen, kann man ganz schön ins Fettnäpfchen treten. Wir als Menschen sind mehr als der Job und eine Definition über das, was wir machen, reicht nicht aus.

Eine weitere Quelle von Identität finden wir in unserem Besitz. Das neueste Smartphone – oh, das muss eine coole Person sein! Oder so ein schnittiger Sportwagen – der Typ hat's echt drauf! Schon in der Schule kommt man in Bedrängnis, wenn man nicht den letzten Schrei an Klamotten trägt oder etwas nicht hat, was dem aktuellen Trend entspricht. Je älter man wird, desto größer werden die Spielsachen. Ein teures Fitness-Abo, ein sportliches, schnelles Auto, Traum-Urlaube in der Karibik, ein Pool, ein riesiges Haus und Geld ohne Ende – viele machen ihren Wert davon abhängig, was sie besitzen. Oder besser: Sie machen ihren Wert davon abhängig, was sie *nicht* besitzen.

Sich über etwas zu definieren, was man nicht besitzt, kann niemals das sättigen, was in uns nach Bestätigung und Anerkennung schreit. Zurück bleibt ein riesiges Loch, das immer größer wird, je mehr wir es mit Materiellem zuschütten.

Schließlich ist da noch eine Quelle, über die wir uns definieren wollen. Und die ist sehr tückisch, weil sie mit einer Grundsehnsucht in uns verwoben ist. Es ist die Identifikation über Beziehungen.

Es gibt viele Paare, die in einer akuten Abhängigkeitsbeziehung leben. Gerade bei jungen Pärchen hat man oft den Eindruck, eine Person kann nicht ohne die andere existieren. Der eine findet im Partner die eigene Bestätigung auf eine Weise, die ihn massiv von ihm abhängig werden lässt. Der eigene Wert bestimmt sich plötzlich nur noch über den oder die Geliebte. Eine solche Person ist zutiefst verunsichert in der eigenen Identität und versucht, sie im anderen festzumachen. Dass dies spätestens dann schiefgeht, wenn die Beziehung zerbricht, ist vorauszusehen. Eine solche ungesunde Symbiose führt in eine Unfreiheit und lässt mehr als zerbrochene Lebensscherben zurück. Diese Verbindung fordert ihren Preis und es dauert, bis man aus ihr heraus in die Freiheit zurückfindet.

Jeder Mensch braucht eine Quelle, aus der er schöpft. Jeder ist zeit seines Lebens auf der Suche nach etwas, das ihm sagt, wer er eigentlich ist. Schon immer haben die großen Fragen ans Leben wie »Wer bin ich?«, »Woher komme ich?« und »Wohin gehe ich?« die Menschheit umgetrieben. Sie hören auch heute nicht auf, uns in unserer Existenz herauszufordern.

Irgendwo müssen wir uns festmachen. Nichts scheint dringlicher in unser Leben hereinzuragen als die Frage: »Wer bist du eigentlich?« Um nicht ins Stammeln zu kommen, nageln wir uns lieber an losen Balken fest als an gar keinen.

Wir lieben Schubladen

Was ist nun das Problem? Scheinbar ist den Menschen ihre Identität – oder zumindest Teile davon – geraubt worden. Es ist dringend an der Zeit, hinter die Fassaden zu schauen und Identität neu zu gründen.

Noch vor gar nicht so langer Zeit mussten sich Menschen wehren, nicht in Schubladen gesteckt zu werden: Das ist der Sohn vom Bäcker. Wir kennen ihn und wir glauben zu wissen, was aus ihm werden wird und was nicht: ein Bäcker, kein Schneider. Zack! Schublade zu! So ein Denken war weitverbreitet. Statt dem Bäckerssohn kannst du einsetzen, was immer du willst.

Die Möglichkeiten in der Vergangenheit waren – verglichen mit heute – recht beschränkt. Viele Lebenswege waren vorgezeichnet. Eine ganze Generation von Eltern hat hart gearbeitet, damit aus den Kindern »was wird«. Und viele haben diese Mühen dankbar angenommen.

Deshalb ist die Situation heute entschieden anders. Die Möglichkeiten sind schier unbegrenzt. Beinahe jeder Beruf steht uns offen. Verschiedene Wohnorte, ja sogar unterschiedliche Länder sind heute selbstverständlich. Wir leben in einer Welt, in der man sich scheinbar alles aussuchen kann, sogar das Geschlecht und die sexuelle Orientierung. Mitten durch diese endlose Wahl an Möglichkeiten hallt der Ruf »Wer bin ich eigentlich?« lauter denn je.

Jüngerschaft und die Auseinandersetzung mit Identität hilft dir, deine gottgegebene Schublade zu finden und zu wissen, wer du eigentlich bist und wie Gott über dich denkt.

Im Bild gesprochen: Wir werden heute nicht mehr unbedingt durch unsere Herkunft in eine Schublade gesteckt, sondern uns stehen alle Schubladen offen. Wenn wir dann von einer zur anderen springen, verlieren wir uns. Wir haben keine Ahnung mehr, wer wir sind. Jüngerschaft und die Auseinandersetzung mit Identität hilft dir, deine gottgegebene Schublade zu finden und zu wissen, wer du eigentlich bist und wie Gott über dich denkt.

Und wenn du deine Identität gegründet hast, öffnen sich die Schubladen rechts und links von dir, über dir und unter dir. Dann kannst du »dein Gebiet erweitern« und »neues Land einnehmen«.

Vier Grundbedürfnisse in unserem Leben

Klassisch kennen wir vier Grundbedürfnisse, die uns umtreiben. Wir sehnen uns nach Zugehörigkeit, Bestimmung, Bestätigung und nach unserer eigenen Identität.

Wo gehörst du hin? Die Frage nach der *Zugehörigkeit* steht ganz oben. Sie konstituiert einen wesentlichen Teil unserer Identität. Nachdem der Mensch als Wesen geschaffen wurde, das auf Beziehung und Gemeinschaft hin ausgelegt ist, verwundert es nicht weiter, dass man sich darüber definiert. Das Land, die Sprache, die Kultur, eine bestimmte Region, die Rolle in der Familie oder in einem Verein sind Elemente, worüber wir uns bestimmen.

Interessanterweise gibt es in manchen Ländern Regionen, die sich der eigentlichen Nation nicht wirklich zugehörig fühlen, sondern vielmehr eine eigene Größe bilden wollen. Sie unterscheiden sich kulturell stark von dem Land, dem sie offiziell angehören, und wählen subtil eine eigene Definition und Zugehörigkeitskategorie.

Hast du dich schon mal gefragt, warum Horoskope, Tarotkartenlegerinnen und Wahrsager eigentlich so erfolgreich Geschäfte machen? Wer kennt sein Sternzeichen nicht? Ständig bekommt man von allen Seiten gesagt, wie die aktuellen Sternkonstellationen stehen und welchen Einfluss sie auf unseren Alltag haben.

Tief in unserem Inneren ahnen wir, dass wir für Großes gedacht sind.

Ob die Sterne wirklich so massiv unsere aktuellen Entscheidungen beeinflussen, ist zu bezweifeln. Es zeigt aber, dass wir Menschen eine unbändige Sehnsucht danach haben, dass uns jemand sagt, wofür wir bestimmt sind. Das ist die zweite große Frage. Tief in unserem Inneren ahnen wir, dass wir für Großes gedacht sind.

Auch wenn uns die kleinen Probleme des Alltags oft so überrollen, dass wir das vergessen, gibt es so etwas wie einen geheimen Kompass, der anspringt, wenn uns jemand etwas Positives über unsere *Bestimmung* sagt. Horoskope geben einen Teil der Antwort, wenn auch nur ungenügend und in einer Weise, durch die wir schnell in eine Unfreiheit hineingeraten. Dennoch: Wir sehnen uns nach Bestimmung. Hier entspringt auch die drängende Frage: Wozu bin ich auf der Welt? Was ist der Sinn des Lebens und wofür bin ich da? Wir wollen wissen, wofür wir gemacht sind.

Ja, es gibt einen Plan für dich. Aber wie wir schon gezeigt haben, hat Gott vielmehr eine Absicht mit deinem Leben. Er träumt abenteuerlicher von dir, als du es zu denken wagst.

Schließlich sehnen wir uns auch nach *Bestätigung*. Ganz ehrlich – fragst du dich manchmal auch, warum du die Sachen machst, die du machst? Was ist deine Motivation dahinter? Vielleicht kennst du das Phänomen, dass man nach außen hin ein ordentliches Leben führt und auf der Karriereleiter eine Sprosse nach der anderen weiter hinaufklettert. Jeder ist beeindruckt. Oder du schaufelst dich mit Projekten und Terminen zu. Vielleicht bist du auch der große »Checker« – der, der alles managt, alles in der Hand hat, im Verein oder der Clique ganz vorne steht. Und trotzdem hast du das Gefühl, dass nichts, was du tust, jemals ausreicht. Der Gedanke: »Ich bin nicht gut genug«, bohrt in deinem Kopf. Es braucht mehr. Nächste Stufe. Nächste Herausforderung. Mehr. Mehr. Mehr. Aber mehr wovon eigentlich? Wenn du ehrlich bist: mehr Bestätigung. Mehr Anerkennung. Mehr von dem Wissen, dass andere über dich staunen, dich ehren und dass du ihnen beweist, dass du mehr draufhast. Dass sie dich lieben *müssen* aufgrund deiner Leistung. Willkommen in der Leistungsfalle!

Die Sehnsucht nach Anerkennung ist echt. Jeder Mensch hat dieses Bedürfnis in sich. Wir tragen es auch nicht grundlos, sondern sind dafür geschaffen, dass Gott uns in der Tiefe unseres Wesens Anerkennung schenkt. Dabei gilt aber ein Grundprinzip, das Corbin Gams, einer unserer Referenten in der HOME Akademie, vor unseren Jüngerschaftsstudenten nicht oft genug wiederholen kann: »Wir sind geliebt *vor* jeder Leistung und *trotz* aller Schuld.« *Vor* jeder Leistung. *Trotz* aller Schuld. Wow. Wenn wir verstehen, dass Gott uns nicht abhängig von unserer Leistung seine Liebe und Anerkennung beimisst, dann haben wir etwas Wesentliches in unserem Leben begriffen.

Und dann sehnen wir uns auch nach *Identität*. Identität ist etwas, das unser Leben bestimmt. Wir wollen wissen, wer wir sind. Erst wenn wir diese Frage beantwortet haben, können wir zur nächsten übergehen: »Was soll oder kann ich also tun?« Die Frage nach unserem Wert, nach unserer Würde und dem tiefsten Wesen unseres Selbst will nicht unbeantwortet bleiben. Sie treibt uns um. Wir wollen nicht ohne Antwort leben und ohne Quelle sein. Eher suchen wir uns unbefriedigende Quellen und Definitionen unserer selbst, als gar keine zu haben. Verbunden mit Identität ist auch das Problem, dass wir uns selbst oft nicht annehmen wollen. Unzufriedenstellende Quellen disqualifizieren uns immer irgendwie als ungenügend, da wir uns nicht in unserer Komplexität verstehen, in der wir geschaffen wurden. Jede Quelle, die nicht Gott ist, nimmt nur einen Teil von uns und versucht damit die Gesamtheit unserers Ichs zu erklären. Dass das zu wenig ist, merken wir, ohne dass wir jedoch das Problem lösen können. Der Trick ist also, an der richtigen Tankstelle anzuzapfen. Dazu kommen wir später. Aber erst mal die Problemanalyse.

Warum Selbstablehnung ein Problem ist

Wer kennt das nicht: der Blick in den Spiegel am Morgen und die unzufriedenstellende Erkenntnis: Etwas passt nicht. Die Haare stehen zu wild zur Seite, die Augenringe künden von zu wenig Schlaf, die Nase ist zu groß und der Pickel links unter den Lippen wird immer dicker, statt zu verschwinden. Schnell landen wir in negativen Gedankenstrudeln wie »Ich bin nicht schön«, »Ich konnte mich ja noch nie richtig leiden« oder »Niemand mag mich«. Oder wir denken: »Gewisse Dinge kann man einfach nicht mögen. Weder selbst und schon gar nicht die anderen.« Und wir bemühen uns bestmöglich, unsere Schönheitsfehler zu kaschieren und damit zu leben.

Würde man auf die Straße gehen und Menschen fragen, ob sie mit ihrem Aussehen zufrieden sind oder etwas ändern wollen, so würde man bei einem sehr großen Anteil eine Unzufriedenheit bemerken. Fast jeder hat an seinem Körper etwas auszusetzen: Die Nase ist zu breit, der Bauch zu dick, der Busen zu klein, der Po zu unförmig, die zweite Zehe zu lang, die Beine zu kurz und so weiter. Die Schönheitschirurgie hilft manchmal vermeintlich weiter, aber auch nicht wirklich. Und die Schönheitsideale, die einen von jeder Plakatwand anlachen, erst recht nicht.

Könnten wir also unseren Körper unkompliziert einfach so ändern, würden das sehr viele machen. Aber selbst dann hätten wir noch immer nicht die Lösung. Das Problem liegt tiefer und ist so gut wie allen Menschen bekannt. Wir nennen es: Selbstablehnung.

Selbstablehnung ist tatsächlich eine schwerwiegende Sache. Indirekt erklären wir damit nämlich Gott, dass er mit uns einen gravierenden Fehler gemacht hat, als er uns erschaffen hat. Unbewusst erklären wir ihm, dass alles gut ist, was er gemacht hat, nur *wir selber* nicht! Schnell kommen wir dann auch ins Vergleichen hinein und stürzen uns waghalsig in einen Minderwertigkeitskomplex, dessen Ende nie gut ausgeht.

Gott gibt ein sehr klares Statement in dieser Angelegenheit ab: In Psalm 139,13 lesen wir folgenden Satz: »Denn du hast mein Innerstes geschaffen, hast mich gewoben im Schoß meiner Mutter.« Und weiter: »Ich danke dir, dass ich so staunenswert und wunderbar gestaltet bin. Ich weiß es genau: Wunderbar sind deine Werke!«

Wow! Gott will, dass du zu dir selber sagst: »Wow!« Und dann drehst du dich vor dem Spiegel und du sagst noch einmal: »Wow! Genial, wie du mich erschaffen hast! Ich komme aus dem Staunen nicht mehr heraus!«

Zugegeben, wenn du dir das vorstellst, kommt vielleicht ein etwas komisches Gefühl auf. Das ist allerdings ein Indikator dafür, dass womöglich auch du ein Problem mit selbst abneigenden Gedanken hast. Also auf – stell dich der Herausforderung! Selbstablehnung darf zur Selbstliebe mutieren. Ich meine nicht die Eigenliebe. Sie ist egoistisch motiviert und nur auf sich selbst bezogen. Selbstliebe hingegen hat den klaren Bezug zu dem liebenden Schöpfer, der auf wundersame Weise unseren Körper im Geheimen gewoben hat.

Selbstablehnung darf zur Selbstliebe mutieren.

Selbstablehnung kann ein großes Hindernis für echte Umkehr sein, weil wir im negativen Strudel gefangen sind und denken: »Es ist eh schon alles egal.« Wir sind frustriert und verlieren die Motivation, die Dinge zu verändern, die wir tatsächlich ändern könnten. Im schlimmsten Fall kann Selbstablehnung zu einem selbstzerstörerischen Verhalten führen. Junge Mädchen nehmen ihren Körper nicht an und hungern sich zu Tode. Alkohol und Drogen dienen der Betäubung und Verdrängung und führen nicht selten in ein selbst gebautes Gefängnis des Todes. Wir leben in einer Gesellschaft, in der extrem viele Menschen Selbstmordgedanken hegen. Fast jeder kennt jemanden aus der Familie oder dem Freundeskreis, der sich das Leben genommen hat. Die österreichischen Bundesbahnen haben eine eigene Einrichtung für die psychologische Nachbetreuung von Lokführern, vor deren Züge sich jemand geworfen hat! Ist das nicht verrückt? Selbstzweifel und Depression bestimmen den Alltag vieler Menschen. So schnell glauben wir der Lüge, dass wir nichts wert sind.

Von Königskindern, Knechten und Dramen in Kinderherzen

Als ich, Patrick, zehn Jahre alt war, zog unsere Familie in einen kleinen Ort am Stadtrand von Graz. In einen Ort mit großer Geschichte. Vor allem war es ein Luft- und Wasserkurort. Die großen Zeiten waren lange vorbei. Man konnte gar nicht sagen, was trauriger aussah: das ehemals prächtige Kurhaus, der verwachsene Kurpark oder gleich der ganze Ortskern. Wie es eben so oft ist, wenn der Bürgermeister auch die Baubehörde ist (hier ärgert sich der Architektensohn).

Eines Tages beschlossen die letzten tapferen Einwohner, den Kurpark zu revitalisieren. Schnell waren zwanzig, dreißig Menschen gefunden. Auch einige Kinder. Ich war mitten darunter. Mit Schaufeln, Motorsägen, Spitzhacken und Rechen wurde kräftig gewerkelt. Gegen Mittag begannen einige Frauen, Biertische aufzustellen und eine richtig tolle Jause zu richten. Ich war gerade an einem steilen, gut einsichtigen Hang damit beschäftigt, einen größeren Ast wegzuschleifen. Da riefen die Frauen zur Brotzeit. Alle ließen die Arbeit stehen und gingen zum vorbereiteten Essensplatz. Nur ich kam nicht, auch als man mich rief: »Patrick, komm her, lass den Ast liegen!«

Aus irgendeinem Grund antwortete ich: »Komme gleich.« Ich zog den Ast weiter. Und in diesen Sekunden kam etwas in mein Herz. Ich schleifte den Ast weiter hinter mir her und wartete, bis man nochmals nach mir rief. Doch es war nichts zu hören.

Und selbst als ich mit meinem Ast an der Ablagestelle war, rief mich niemand. Statt wenigstens jetzt hinunterzugehen, lief der kleine Patrick zurück, um aus Trotz einen noch größeren, viel zu großen Ast zu nehmen und ihn wieder zum Sammelplatz zu schleppen. Wollte mich denn niemand mehr rufen? Hatte man mich angesichts des Essens völlig vergessen? Keiner rief. Weder beim Zurückgehen noch beim Schleppen noch beim Ablegen.

Erst viele Jahre später ist mir bewusst geworden, was sich in meiner kleinen Kinderseele in diesen Momenten abgespielt hat. Ein Drama. Ich begann, mich unter den Blick von Menschen zu stellen. Das kleine Kind wollte gesehen werden. Wollte Anerkennung bestimmter Art von Menschen, die nicht bereit waren, diese zu geben. Es dachte, wenn die Äste größer würden, dann würden die Erwachsenen es sehen und es noch mal rufen. Dann würde sich die gesamte Aufmerksamkeit auf ihn richten. Wären die Kräfte größer und die Äste mächtiger gewesen, das traurige Spiel hätte sich nochmals wiederholt. In Wahrheit wiederholt es sich bis heute.

Erst vor wenigen Jahren ist mir diese Situation und vor allem die mächtige Wirkung für mein Leben bewusst geworden. Wenn ich heute scheinbar so erfolgreich bin und ohne nachzuzählen die Anzahl meiner Firmen und Mitarbeiter nicht nennen kann, dann liegt das unter anderem schlicht und einfach an dem Kinderdrama, damals im Kurpark, am Stadtrand von Graz.

Ich trat aus dem Blick Gottes heraus und stellte mich unter den Blick der Menschen. Ich machte nicht mehr das, was Gott gefiel, ich begann die Dinge zu machen, die den Menschen gefielen. Das zu tun, wofür man Anerkennung bekommt.

Biblisch gesprochen bin ich aus der Sohnschaft, die mir Gott anbietet, ausgestiegen. Aus der Sohnschaft, die ich mir nicht verdienen muss und kann. Stattdessen bin ich eingestiegen in das unbarmherzige Rad des Immer-leisten-Müssens, um zu genügen. Ich habe meine Würde als Kind Gottes, als Erbe des

Höchsten, aufgegeben und habe mich in die gnadenlose Knechtschaft der Menschen begeben. In die Knechtschaft, die aufbaut auf dem Urteil der Gesellschaft, des Mainstreams. In der die Suche nach Anerkennung und bewundernden Blicken lebensbestimmend wird. In der Scheitern, Verlieren und Schwachsein keinen Platz haben. Diese Knechtschaft hat nichts mit dem Reich Gottes zu tun. In welcher Freiheit wäre mein Leben verlaufen, hätte ich etwas weniger unter dem Blick der Menschen gestanden. Ich hätte die Grunderfahrung von freudiger Gelassenheit gemacht, nach der ich mich ja eigentlich sehnte. Ich hätte meine Identität als Kind Gottes nicht weggeworfen, sondern wäre tief gegründet auf dem Fels, der Christus heißt.

Ich erzähle diese Geschichte häufiger in Vorträgen. Jedes Mal beobachte ich dabei, wie die Zuhörer stiller und stiller werden. Und nicht selten sehe ich glänzende Augen und Tränen. Viele Menschen schleppen ihre Äste durchs Leben. Viele sind zum großen Essen geladen, aber kommen nicht. Viele, gerade auch gläubige Menschen, sind in Bereichen ihres Lebens in die Knechtschaft eingetreten.

Wenn du einer davon bist, soll dir dieses Buch und vor allem auch das Kleingruppenmaterial dabei helfen, dein Erbe in Freiheit anzunehmen, aus dem Blick der Menschen zu treten und deine Identität neu in Christus zu gründen. Ich konnte das machen. Mach es auch.

Gründe für Selbstablehnung

Negative Gedanken kommen viel schneller in unser Herz als positive. Wie schnell sind wir dabei, andere zu verurteilen und zu disqualifizieren. Intuitiv suchen wir interessanterweise genauso nach Anzeichen von Anerkennung und Ablehnung durch andere Menschen. Wir wollen ihre Meinung über uns hören und uns ihrer vergewissern. Dabei breitet sich schnell eine gravierende Lüge in unserem Herz aus, wenn wir nur das Negative an uns suchen. Wie kommt es aber überhaupt dazu, dass wir uns selbst so ablehnen und unter den Blick anderer Menschen treten?

Meistens findet sich der Hauptgrund in unserem Elternhaus. Oft erleiden wir einen Mangel an Liebe und Annahme. Das muss gar nicht immer beabsichtigt sein, aber es kommt unweigerlich zu Situationen, in denen wir uns zurückgewiesen fühlen. Dadurch kommt eine Lüge in unser Leben, dass wir es nicht wert sind, geliebt zu werden.

Fehlende Selbstannahme kann hervorgerufen werden, wenn wir nur Komplimente für etwas bekommen, was wir sehr gut gemacht haben. Das kann auch durch Lehrer passieren oder Sporttrainer. So lernen wir, dass unser Wert immer mit dem Tun und unserer Leistung verbunden ist. Wenn nur der Erfolg mit Komplimenten belohnt wird und wir nicht auch Anerkennung und Liebe aufgrund unseres Seins erfahren, ist das zu wenig.

Wenn nur der Erfolg mit Komplimenten belohnt wird und wir nicht auch Anerkennung und Liebe aufgrund unseres Seins erfahren, ist das zu wenig.

Eine andere Quelle, auf die wir hören und die uns negativ beeinflusst, können unsere Freunde und Kollegen sein. Nicht wenige werden gemobbt in der Schule. Selbst unter Freundescliquen ist es scheinbar normal, sich spaßeshalber Schimpfwörter an den Kopf zu werfen. Jedes negative Wort hinterlässt seine Spuren. Die Psychologie sagt sogar, dass man für jedes negative Wort fünf positive hören muss, um Heilung zu erfahren.

Unsere Welt wird zudem massiv bestimmt von medialen Botschaften. Sie haben extremen Einfluss auf unser Leben. Zum einen gaukelt die Werbung einen unerreichbaren Standard vor und erklärt uns, was wir haben, tun und erreichen müssen, um beliebt zu sein. Zum anderen gibt es den Drang, sich auf sozialen Netzwerken zu präsentieren. Indirekt machen wir unseren Wert ständig von den Likes und der Resonanz derer abhängig, die uns folgen – oder eben auch nicht folgen. Soziale Netzwerke können daher ein Einfallstor dafür sein, sich Anerkennung an den falschen Stellen holen zu wollen.

Der erste Schritt, um aus der Selbstablehnung herauszukommen, ist, sie zu entlarven und aufzudecken. Oft kann sie nämlich auch sehr subtil sein. Hier kommt eine Checkliste, die einige Fallen aufzählt, in die wir oft unbewusst hineintappen. Sie geben Hinweise darauf, dass wir uns eventuell noch selbst ablehnen.

- ***Unfähigkeit, jemandem zu vertrauen***

  Wenn wir anderen Menschen überhaupt nicht vertrauen können, liegt oft eine Verletzung vor. Auch Gott gegenüber tun wir uns dann sehr schwer, ihm unser Leben zu geben. Wir haben Angst, dass wir enttäuscht werden könnten. Das kommt von negativen Erfahrungen aus der Vergangenheit, vor denen wir uns schützen wollen. Zudem bestimmt uns dann meist auch ein falsches Bild von Gott (und auch von Menschen) und macht uns Angst. Wir denken, dass Gott mit uns einen Fehler gemacht hat – selbst wenn er alle Menschen liebt, kann er uns bestimmt nicht lieben. Außerdem brauchen wir immer einen Plan in petto, weil wir denken, dass wir für uns selber sorgen müssen. Wenn du in Gefahr bist, dass du alles, was andere dir sagen, übermäßig überprüfst, dann ist mangelndes Vertrauen womöglich ein Punkt, an dem du arbeiten solltest.

Fragen zur persönlichen Reflexion

Hast du massive Zweifel, dass es Gott gut mit dir meint? Hinterfragst du immer alles dreimal und schmiedest im Hintergrund Plan A, B, C, D – falls Gottes Plan nicht funktioniert? Tust du dich schwer, Vorgesetzten oder Leitern zu vertrauen?

- ***Unfähigkeit, Kritik anzunehmen***

Manche Menschen neigen dazu, ihre persönlichen Äußerungen mit ihrem Selbstwert gleichzusetzen. Wenn du ihre Meinung hinterfragst, fühlen sie sich als Person abgelehnt. Die Unfähigkeit, die Sachebene von der Seinsebene zu trennen, ist ein großes Problem. Es führt auch dazu, dass du leichter mit dem Strom mitschwimmst und versuchst, nicht zu sehr aufzufallen. Mit der Unfähigkeit, Kritik anzunehmen, ist oft auch die Jagd nach Komplimenten oder Bestätigung eng verbunden.

Ein spannender Punkt ist Selbstkritik. Interessanterweise kämpfen oft Menschen, die großen Wert auf Regeln legen, mit Selbstannahme. Sie wissen, was richtig oder falsch ist, verstecken sich aber hinter dem Beachten der Gesetze und fühlen sich nur dann gut, wenn sie alles richtig gemacht haben. Zugleich machen sie sich selbst die größten Vorwürfe, wenn sie scheitern. Sie können dann weder sich selbst noch ihr Versagen annehmen.

Wenn du einen Fehler machst und das Gefühl hast, dass du abgelehnt wirst, basiert deine Selbstannahme auf dem, was du tust. Vielleicht erinnerst du dich an eine Situation als Teenager, als du eines Abends nicht zum ausgemachten Zeitpunkt nach Hause gekommen bist. Deine Mutter war möglicherweise extrem enttäuscht und hat drei Tage nicht mehr mit dir gesprochen, was für dich den absoluten Beziehungsabbruch bedeutete. Eine solche oder ähnliche Prägung kann zu einer selbstablehnenden Haltung führen.

Fragen zur persönlichen Reflexion

Bist du sehr auf Regeln bedacht und kannst dabei kaum dein eigenes Scheitern annehmen? Wurde oft dein Tun mit deinem Wert verwechselt? Hast du Angst davor, dass dich jemand korrigiert? Vor allem eine Person, die über dir steht?

- ***Schwierigkeit, Komplimente zu geben und zu empfangen***

  Menschen, die mit Selbstablehnung ringen, können manchmal einfach nicht glauben, dass der andere ernsthaft und ehrlich ist, wenn sie von diesem ermutigt werden oder ein Kompliment erhalten. Genauso schwer ist es für sie, anderen Komplimente zu machen.
  In der HOME Mission Base leben wir sehr bewusst eine hohe Kultur der Ehre. Das ändert die Denkweise von vielen jungen Menschen. Wir hatten junge Mädchen, die extrem unter dem Blick der Menschen standen, sodass sie sich niemals auf einer Bühne getraut hätten, durch ein Mikro sprechen – geschweige denn zu singen. Ein solches Mädchen begann nach acht Monaten, Musicals zu schreiben. Eine andere wurde Lobpreisleiterin. Wieder eine andere begann, freie Texte durchs Mikro bei großen Gebetstreffen zu singen. Eine andere beschloss, eine Schauspielkarriere anzustreben. Das alles war Resultat dessen, dass sie lernten, Komplimente anzunehmen und diese selber zu geben. Sie übten sich ein in den Blick Gottes auf ihr Leben und machten einen starken Paradigmenwechsel.

Fragen zur persönlichen Reflexion

Kannst du Ermutigung von anderen annehmen oder neigst du dazu, sie zurückzuweisen? Fällt es dir schwer, anderen Komplimente zu machen?

- ***Angst davor, Emotionen auszudrücken***

  Die Art, wie man Emotionen ausdrückt, kann sehr unterschiedlich sein. Nicht jeder muss das auf eine extrovertierte Art tun, nicht jeder beginnt in der Öffentlichkeit schnell zu weinen. Aber grundsätzlich ist es wichtig, dass wir einen Raum haben, in dem wir furchtlos unseren Emotionen freien Lauf lassen können. Jemand, der in seinen Gefühlen nicht ernst genommen wurde oder Negatives erntete, als er Emotionen ausdrückte, lernt schnell, diese zu unterdrücken. Die Konsequenz ist die Angst, die eigenen Gefühle zu zeigen. Gott ist ein Gott der Emotionen. Er hat sie uns geschenkt. Sie beleben uns und sind sehr wichtig.

  Fragen zur persönlichen Reflexion

  Kannst du grundsätzlich deine Gefühle zeigen und kommunizieren? Oder hast du Angst vor Zurückweisung, wenn du emotional wirst?

- ***Angst vor Kreativität***

  Nicht jeder ist gerufen, ein Künstler, Musiker oder Sänger zu sein. Aber die Kreativität ist ein wesentlicher Teil unseres Lebens, der jeden betrifft. Auch Kochen, Gastfreundschaft oder Erziehung haben viel mit Kreativität zu tun. Manche haben Angst vor Ablehnung, wenn sie sich auf diese Weise zeigen.

  In der Schule wird Kreativität sehr oft beurteilt. Das hinterlässt einen negativen Beigeschmack, gerade auch, weil viel verglichen wird. Doch Kreativität kann man nicht vergleichen. Genauso wie es total ungesund ist, die Identität zweier unterschiedlicher Personen zu vergleichen oder zu beurteilen. Kreativität soll ein Ausdruck unserer Lebendigkeit sein. Gerade, wenn du »Muße« (ein altes Wort!) hast, dann soll deine Kreativität strömen. »Muße« kommt dann, wenn du Langeweile aushältst und plötzlich einen Drang verspürst, etwas zu schaffen und zu kreieren.

Fragen zur persönlichen Reflexion

Hast du Angst, dich auszudrücken und deiner eigenen Kreativität freien Lauf zu lassen? Kannst du frei tanzen? Kannst du jemandem eine persönliche Karte schreiben?

- ***Unfähigkeit, neue Leute kennenzulernen***

  Wenn du eine große Unsicherheit über dich selbst empfindest und dich ständig infrage stellst, dann tust du dich auch schwer, andere Menschen kennenzulernen. Das Gefühl der eigenen Wertlosigkeit ist so stark, dass du denkst, niemand will etwas mit dir zu tun haben. Die unbändige Angst vor Zurückweisung lässt manche Menschen sehr zurückhaltend werden, was das Kennenlernen neuer Kontakte betrifft. Es kann sogar sein, dass sie in Passivität oder Einsamkeit verfallen. Dabei sollte jeder in einem guten Maß selbst aktiv sein und gelassen erwarten, was zurückkommt.

Fragen zur persönlichen Reflexion

Tust du dich schwer, neue Kontakte zu knüpfen? Hast du Angst, auf eine Party zu gehen, auf der du so gut wie niemanden kennst? Trägst du viele Masken? Hast du Angst davor, dass dich jemand kennenlernt als die Person, die du bist?

- ***Angst vor Persönlichkeiten und Leitern***

  Eine gesunde Distanz zu Vorgesetzten ist nicht schlecht. Aber wenn jemand unentwegt mit dem Gedanken spielt, dass sie nicht gemocht wird und sich ständig von ihnen beobachtet fühlt, kann das tiefer liegende Problem Selbstablehnung sein. Diese Personen müssen keine offizielle

Funktion haben. Es können auch Menschen sein, zu denen wir in gewissen Bereichen aufschauen. Wir beginnen uns mit ihnen zu vergleichen und fühlen uns dadurch minderwertig. Das ist ein Problem.

Fragen zur persönlichen Reflexion

Bist du Leitern und Vorgesetzten gegenüber außergewöhnlich distanziert? Hast du ständig Angst, dass sie dich (negativ) beurteilen?

- ***Jagd nach Komplimenten***

  Wir alle sind auf der Suche nach Bestätigung. Manche Menschen machen sich aber bewusst klein, indem sie sagen: »Ich kann nichts«, »Ich bin nichts«, in der Hoffnung, dass man sie beschwichtigt und ihnen daraufhin Bestätigung gibt. Kennst du das Gefühl, immer darauf zu warten, dass dir jemand ein Kompliment gibt oder auch nur eine leise Andeutung von Bestätigung? Für Mädchen ist es oft das Äußere, mit dem sie versuchen, Bestätigung zu erhalten. Männer erzählen lieber, was sie alles erreicht haben.

  Fragen zur persönlichen Reflexion

  Hältst du Ausschau nach Gelegenheiten, bei denen du jemandem eine Ermutigung für dich selbst entlocken kannst? Redest du in Gegenwart anderer schlecht über dich, damit sie dir ein Kompliment machen?

- ***Apathie***

  Gleichgültigkeit, was mit uns passiert, kann ein massiver Ausdruck von Selbstablehnung sein. Es ist ein Grundproblem vieler Jugendlicher unserer Zeit. Sie fühlen sich abgelehnt und verfallen in ein Denken der Sinnlosigkeit und gefühlter Wertlosigkeit. Abhängigkeiten von Alkohol, Drogen, Pornografie und von sozialen Netzwerken unterstützen dieses Lebensgefühl. Vernachlässigung des Körpers oder unaufgeräumte Zimmer sind Anzeichen für Selbstablehnung und Nicht-Achtung des eigenen Ichs. Oft kommt ein Missachten und bewusstes Übergehen von Regeln hinzu – verbunden mit dem Gefühl von Gleichgültigkeit.

Fragen zur persönlichen Reflexion

Ist dir alles egal? Hast du das Gefühl, niemand interessiert sich für dich und dafür, wie es dir geht? Fällt es dir schwer, dich zu etwas aufzuraffen und neue Projekte anzugehen?

- ***Stolz und die Haltung der Überlegenheit***

  Überlegenheit zu zeigen ist oft ein Ausdruck von Minderwertigkeitsgefühl. Man versucht dann, auf einem Gebiet zu glänzen, von dem das Gegenüber weniger Ahnung hat. Somit will man besser dastehen und versucht, die Vergleichsmöglichkeiten zu reduzieren.

  Fragen zur persönlichen Reflexion

  Definierst du dich oft über dein Wissen und dein Können? Sprichst du nur über Dinge, über die du gut Bescheid weißt? Musst du dich »beweisen«?

Das ist nur eine Auswahl von Kriterien, die darauf hinweisen, dass du womöglich Heilung in Bezug auf Selbstannahme brauchst. Wenn du dich jetzt in vielem wiedergefunden hast: Keine Sorge, es gibt Hoffnung. ☺ Du musst dich nicht selber retten – dafür ist Jesus in die Welt gekommen. Selbsterkenntnis ist der erste Schritt für Veränderung. Und damit beginnt auch dein Part.

Wie du Selbstablehnung überwinden und deinen Wert entdecken kannst

Wenn du dich verletzt hast und mit einer großen Wunde zum Arzt gehst, wird er zuerst deine Wunde reinigen und sie freilegen. Das ist ein Prozess, der durchaus schmerzhaft ist. Wir würden uns vermutlich eher wünschen, dass er einfach ein Pflaster draufklebt und wir die Wunde nicht mehr sehen müssen. Aber Heilung braucht Luft. Das bedeutet auch, dass wir uns dem Schmerzhaften stellen müssen und uns erst einmal darüber klar werden, was denn genau das Problem ist. Das ist schon der erste Schritt zur Behandlung.

Als Nächstes kannst du ganz konkret deine Wunde benennen. Am besten suchst du dir eine Person, der du wirklich vertraust. Einen guten Freund oder eine Freundin, einen Mentor oder geistlichen Begleiter, der über spirituelle Prozesse Bescheid weiß. Wenn du erkannt hast, wo das Problem liegt, hast du schon halb gewonnen. Der Widersacher agiert nur in der Dunkelheit, aber wenn wir Licht in eine Sache lassen, geben wir Gott Raum. Bekenne also offen und ehrlich, wo du mit Selbstablehnung kämpfst. Wenn du katholisch bist, ist es auch sehr hilfreich, das in das Sakrament der Versöhnung, also die Beichte, hineinzulegen. Auch tiefe Freundschaften sind eine wirklich gute Hilfe. Lege vor jemandem Rechenschaft ab, der mit dir durch den Prozess der Heilung geht. Bleib dran und sprich mit jemandem darüber, wie du weitere Fortschritte machen kannst und das Land zurückeroberst, das dir genommen wurde.

Oft haben wir ein sehr falsches Bild von uns selbst, wenn wir mit Selbstablehnung kämpfen. Aber wir ziehen auch Gott in Mitleidenschaft, weil wir ihm auf diese Weise erklären, dass er für unseren Mangel an Selbstliebe verantwortlich ist. Wir beschuldigen ihn indirekt, dass er in der Schöpfung einen Fehler gemacht hat. Deshalb ist es auch gut, ihn um Verzeihung zu bitten, dass du dich selbst nicht angenommen hast. Unzufriedenheit bringt nie Segen.

Als nächsten Schritt fange an, die Wahrheit Gottes über dein Leben zu inhalieren. Da ist die Bibel besonders hilfreich. Schreibe einzelne Verse auf, die deinen Wert hervorheben. Wenn du möchtest, dann klebe sie dir ganz prominent auf deinen Spiegel, sodass es die ersten Worte sind, die du in der Früh liest. Je mehr du über die Liebe Gottes zu dir nachsinnst, desto mehr wird seine Wahrheit in dein Herz sickern. Mehr und mehr wird sich nun deine Denkweise verändern. Das hat dann auch Auswirkungen auf dein Handeln.

Wir beschuldigen ihn indirekt, dass er in der Schöpfung einen Fehler gemacht hat.

Für mich, Bernadette, war die Bibel und das Nachsinnen über Gottes Sichtweise auf mein Leben wirklich ein absoluter Schlüssel. Bevor ich Gott richtig kennengelernt hatte, war ich sehr schüchtern und hatte viele Gedanken der Minderwertigkeit. Ich hatte Angst, vor einer größeren Gruppe zu sprechen, war gefangen in einem vergleichenden Denken, in dem ich immer als Verlierer endete. Ich erinnere mich noch sehr gut daran, dass meine Lehrerin einmal ankündigte, jeder müsse ein Referat halten. Für mich war das der absolute Albtraum. Schon ein halbes Jahr vorher hatte ich panische Angst davor. Irgendwie habe ich es trotzdem überlebt, aber es war für mich eine sehr unangenehme und herausfordernde Situation. Später, als ich Gott schon etwas besser kannte und wusste, dass er immer positiv über mich denkt, bekam ich mehr Mut. Ich verspürte sogar den Wunsch, vor anderen über ihn zu sprechen. Heute spreche ich regelmäßig vor Hunderten und sogar vor Tausenden Menschen, ohne dass ich von Angst bestimmt bin. Das ist nur ein Resultat der Liebe Gottes: Die Angst vor Versagen verschwindet mehr und mehr, wenn wir seinen liebenden Blick spüren.

Und es gibt noch einen Schlüssel, der absolut hilfreich ist – quasi Medizin für die Wunde der Selbstablehnung: Dankbarkeit. Übe einen Lebensstil ein, in dem du dankbar bist. Das verändert wirklich alles. Freude wird aus deinem Herzen strömen. Danke Gott für alles. Man kann ihm sogar für Dinge danken, die absolut nicht dankenswert erscheinen. Pass auf, Gott wird dir eine unglaubliche Kreativität schenken, sodass du sogar im Herausfordernden Dinge zum Danken findest. ☺

Sei wirklich von Herzen dankbar! Es ist eine Entscheidung und ein Lebensstil. Das betrifft sowohl die Art, wie man Komplimente empfängt – nämlich dankend –, als auch die Art, wie man mit dem eigenen Körper umgeht. Dein Körper ist ein Geschenk, der wie ein Traum Gottes um deine Seele gewickelt und mit ihr verwoben ist. Achte auf ihn besonders sorgfältig, nimm dir genügend Zeit für dich selbst und sorge gut für einen gesunden Ausgleich für deinen Körper und deine Seele.

Im Letzten ist es immer Gott, der uns unsere Würde verleiht. Er ist dein Designer und der, der dir deinen Wert zuspricht. Normalerweise wird der Wert eines Gegenstandes davon bestimmt, wie viel jemand dafür ausgibt. Wenn du ein Auto kaufst, das nur 800 Euro kostet, dann gehen wir davon aus, dass es vermutlich eine sehr alte Kiste ist. Wenn du aber ein Auto für 300 000 Euro erstehst, dann sehen wir einen ganz anderen Wert darin. Die Art, wie wir mit dem Auto umgehen, wird vermutlich anders aussehen. Der Preis einer Sache bestimmt also auch ihren Wert.

Und Gott bestimmt den Wert deines Lebens, indem er das Wertvollste gab, das er besaß: seinen eigenen geliebten Sohn. Das Teuerste, was er hatte. Er gibt für dich sogar ganze Länder und Völker: »Weil du in meinen Augen kostbar bist und wertvoll und weil ich dich liebe, opfere ich Länder an deiner Stelle und Völker für dein Leben« (Jesaja 43,4; NLB). Das ist die Wahrheit über die Art, wie Gott dich liebt.

Je mehr du das leidenschaftliche Vaterherz Gottes entdeckst, umso leichter wird es dir auch fallen, dich selbst anzunehmen. Deshalb ist es wichtig, dass du deinen geheimen Ort mit Gott, deinem Papa, hast. Häng mit ihm ab und lass dich von ihm genießen. Nur er kann dir wahrhaft zeigen, wer du bist. Lerne, seine Stimme zu hören, und sei aufmerksam, wenn er dir Dinge ins Ohr flüstert wie »Du bist meine geliebte Tochter! Du bist mein geliebter Sohn!«, »Du gehörst zu mir«, »Ich wollte dich«, »Ich liebe dich so, wie du bist«. Seine Worte schaffen immer Leben und ziehen wie ein frischer Duft in unser Herz.

Deine Identität als Königskind

Unsere erste Identität ist, dass wir Abbild Gottes (Genesis 1,26) sind. Das bedeutet, dass wir in kleinerem Maß das können, was Gott kann. Er kann hören, wir können hören. Er kann sprechen, wir können sprechen. Er kann lieben, wir können lieben. Er ist allgegenwärtig – wir sind gegenwärtig, existent. Er ist allmächtig, wir sind mächtig. Er ist heilig, wir sind gerufen, heilig zu sein. Er ist barmherzig, wir sind gerufen, barmherzig zu sein.

> **Unsere erste Identität ist, dass wir Abbild Gottes sind.**

Manche seiner Eigenschaften liegen in seiner Natur, andere in seinem Charakter. Allgemein gilt: Alles, was in seiner Natur liegt, ist uns nicht zugänglich. Zum Beispiel können wir nicht allmächtig oder allgegenwärtig sein. Aber seine Charaktereigenschaften können wir uns in kleinerem Maß aneignen. Wir können uns dafür entscheiden, barmherzig, geduldig, mitfühlend, liebevoll und so weiter zu sein.

Am Anfang der Geschichte hat Gott den Menschen als Mann und Frau erschaffen (Genesis 1,27). In beide hat er von Anfang an eine unglaubliche Würde gelegt. Unsere Identität wird deshalb auch durch unser Mann- und Frausein konstituiert. Wenn wir das Wesen von beiden anschauen, merken wir, dass sich die Sehnsüchte und Grundzüge etwas unterscheiden.

Das Herz einer Frau sehnt sich danach, umworben und begehrt zu sein. Sie möchte an einem großen Abenteuer teilhaben und darin eine entscheidende Rolle spielen. Sie wünscht, dass sie in ihrer Schönheit gesehen, entdeckt und erkannt wird. Ein Mann hat tief in seinem Herzen den Wunsch, eine Schlacht zu gewinnen, in der er sich als Kämpfer zeigen kann. Egal, welche Art von Kampf das ist. Er möchte ein Abenteuer bestehen und darin bestätigt werden, dass er etwas draufhat. Und er möchte eine Prinzessin erobern.

Das alles sind wichtige Elemente, die uns helfen, in unsere Identität tiefer hineinzuwachsen. Das Einfallstor zum Herzen des Mannes und auch der Frau ist Intimität. Sie ist die erste und ursprüngliche Quelle, durch die wir in unserem Wert gestärkt werden. Wichtig dabei ist, dass wir uns nicht in Abhängigkeit von einer anderen Person begeben. Deshalb muss Gott die erste Quelle von Intimität bleiben, damit wir nicht dem anderen unerfüllbare Erwartungen auferlegen. Dein Herz ist für die Unendlichkeit geschaffen. Ein Mensch wird immer zu wenig sein, um deine Sehnsucht zu erfüllen. Liefere dich Gott aus, mach ihn zur ersten Quelle deiner Intimität und staune, wie sehr du selber und auch dein Partner von dieser Quelle profitieren!

Zudem bist du Königskind. Gott entschied sich, dem Menschen einen unglaublichen Platz im Himmel zu bereiten. Wir wissen aus der Bibel, dass zur Rechten Gottes ein Thron steht. Es gibt dazu folgende Geschichte, von der ich glaube, dass sie eine grundlegende und offenbarende Wahrheit darüber birgt, wie Gott über uns Menschen denkt. Als Gott einen unfassbar gewaltigen und schönen Thron zu seiner Rechten baute, staunten viele Engel darüber, für wen Gott wohl so einen unglaublich prominenten Platz im Himmel vorbereite. Als sie hörten, dass er für einen Menschen sei, empörte sich einer der größten Engel, nämlich der Engel des Lichts, der mit unübertrefflicher Schönheit bekleidet war. Sein Name war Luzifer – Lichtträger. Er zog ein Drittel der Engel mit in einen Ungehorsam und Aufstand gegen Gott. Seine Aussage war : »Ich werde *nicht* dienen« – ein Statement, das das Wirken des Teufels seither durchzieht. Er konnte sich nicht vorstellen, jemandem zu dienen, der von niedrigerer Natur war als er. Obwohl er wusste, wer der Herr des Himmels ist, und obwohl auch er mit seinen gefallenen Engeln seine Knie beugen muss, wählte er bewusst die Rebellion.

Später ist da ein kleines Mädchen in Nazareth, wahrscheinlich noch ein Teenager, das aufgrund der Gnade Gottes den alten Fluch in einen unglaublichen Segen für die gesamte Menschheit verwandelte. Ihr »fiat«[8], ihr bedingungsloses »Ja«, ihr Wort: »Ich werde dienen« verwandelte die gescheiterte Geschichte in eine unglaubliche *glory story*.

Wenig später sehen wir, für wen der Thron bereitet war: tatsächlich für einen Menschen. Sein Name: Jesus Christus. Er nimmt seinen rechtmäßigen Platz ein zur Rechten Gottes – und sieht aus wie ein Lamm, das geschlachtet wurde, um mit seinem Blut Menschen zu erkaufen (Offenbarung 5,9). Er nimmt aber nicht nur selber auf dem Thron Platz, sondern er bereitet ihn auch für jeden von uns. Er verspricht sogar, dass wir mit ihm auf dem Thron sitzen und *herrschen* werden. Dazu aber später mehr im Kapitel »Jesus als König«.

Gott hat Unglaubliches für uns vorbereitet. Je mehr wir in der Bibel lesen, desto mehr erkennen wir die verrückte Art, wie Gott uns erhöht. Manchmal tun wir uns aber schwer, uns in diesem Wert zu sehen. Wie kannst du deinen Selbstwert also besser erkennen?

Der Selbstwert setzt sich aus zwei Komponenten zusammen: zum einen aus dem inneren und zum anderen aus dem äußeren Selbstbild. Das innere Bild zeigt, wie es mir mit mir selbst geht, wie ich mich selbst sehe. Das Äußere wird mir von anderen zurückgespiegelt. Daher ist es sehr wichtig, dass ich mich nicht immer nur einer destruktiven, negativen Umgebung aussetze, die mir eine falsche Wahrheit von mir selbst zeigt. Wähle also eine Umgebung, die auferbauend und ermutigend ist.

Am besten ist es natürlich, wenn du dir von Gott zeigen lässt, was er über dich denkt. Keine Angst, er denkt *immer* positiv! Eine Übung, die dir helfen kann, ist, dass du Gott bittest, dir seine Sichtweise zu vermitteln. Schreib einfach mal einen Brief aus der Sicht Gottes an dich selbst und bitte den Heiligen Geist, dir die Worte einzugeben. Denk nicht zu lange nach und leg nicht jedes Wort auf die Goldwaage. Sonst findest du schnell Argumente, warum Gott doch nicht so positiv von dir denken könnte. Einziges Kriterium, das das Geschriebene erfüllen muss: Es muss positiv sein. Schließlich ist Gott die Quelle alles Guten. Du wirst erstaunt sein, wie unglaublich groß Gott von dir denkt! Ich muss sagen, jedes Mal, wenn ich diese Übung mache, erschrecke ich fast, woher die Worte kommen und welche unglaubliche Würde Gott mir zuspricht.

Eine weitere Übung, durch die du deinen Selbstwert stärken kannst: Finde zehn gute Eigenschaften und Wesenszüge von dir selbst und schreibe sie auf. Ja, das ist gar nicht so einfach und braucht einiges an Überlegung. Negative Dinge finden sich schnell. Gut, wenn du dich auch im Positiven übst.

Noch ein Tipp: Fang an, anderen ihre positiven Wesenszüge zu offenbaren. Sei ein Schatzgräber! Wenn du deinen Mitstudenten, Kollegen, deiner Familie Ermutigung gibst, wirst du merken, wie sich nicht nur dein Umfeld verändert, sondern auch deine Sichtweise auf dich selbst.

Aus der Identität heraus die Welt in Brand setzen

Aus deiner Intimität mit Gott fließt deine Identität. Die bestätigende Liebe und Grundannahme, die aus dem Herzen deines Vaters kommen, stärken dich in dem, wer du bist und wie du gedacht und erschaffen wurdest. Wenn du in deiner Identität feststehst, strömt daraus eine unglaubliche Autorität. Denn wenn du wirst, wer du bist, bist du richtig gefährlich – zumindest für den Widersacher! Dann beginnt der Himmel in Jubel auszubrechen und die Unterwelt vor dir zu zittern!

Wenn du in deiner Identität feststehst, strömt daraus eine unglaubliche Autorität.

Papst Johannes Paul II. hat mit Berufung auf Katharina von Siena folgendes Zitat geprägt: »Wenn du wirst, wer du bist, wirst du die Welt in Brand setzen!« Da steckt sehr viel Wahrheit dahinter. Gott träumt unermesslich groß von dir. Er träumt davon, dass du – gegründet in deiner Identität als Sohn oder Tochter vom Gott des Universums – einen signifikanten Unterschied machst. Gott will mit dir Geschichte schreiben. Er ist die Quelle deiner Identität, aus der deine Berufung herausfließt.

Um zu erkennen, wie du einsteigen kannst in den Traum Gottes für dein Leben, ist es wichtig, auf seine Stimme zu hören. Darum geht es im nächsten Kapitel.

Durchbruch

Wir sind dazu erschaffen, Bedeutung zu haben. Gott träumt davon, dass du zu 100 Prozent du selber wirst. Wenn du in deiner Identität feststehst, bist du frei, stark, feurig, authentisch und leidenschaftlich. Daraus ergibt sich deine Berufung und Vision.

Jünger werden – darauf kommt es an

- Wir brauchen eine Quelle von Identität.
- Selbstablehnung ist ein Problem.
- Nur Gott kann dir wirklich Identität geben.
- Wenn du wirst, wer du bist, wirst du die Welt in Brand setzen.

KAPITEL 5

WIE DEIN LEBEN SPANNEND WIRD

Das dritte Fundament: Gottes Stimme hören

Gottes Stimme schafft Existenz

Besonders Frauen wird ja oft nachgesagt, dass sie gerne kommunizieren. Der Kaffeekonsum ist deshalb vermutlich bei ihnen höher, weil Kaffee immer mit einem netten Plausch in Verbindung gebracht wird. Ganz am Anfang der Bibel, im dritten Vers des Buches Genesis, lesen wir, dass Gott etwas tat, was wir Menschen liebend gerne tun – nämlich dass er sprach. Später wird durch das Sprechen und Handeln Gottes sogar der Mensch erschaffen, und zwar »nach seinem Bild. Nach dem Bild Gottes schuf er ihn« (Genesis 1,27; ELB). Das ist der Grund, warum auch wir gern sprechen. Es ist ein Wesenszug Gottes – und nachdem wir im Kleineren eine Reflexion seiner Liebe sind, hat er uns mit der tiefen Sehnsucht nach Austausch ausgestattet. Kommunikation findet dabei auf sehr vielen unterschiedlichen Ebenen statt, verbal, non-verbal, über Mimik, Gestik, Ausdruck, Körperhaltung und natürlich über die Sprache.

Das Sprechen Gottes holt etwas in die Wirklichkeit, das vorher nicht da war.

Noch etwas Spannendes sehen wir ganz am Anfang der Bibel, ein wichtiges Prinzip der Kommunikation. Da heißt es: »Gott sprach: Es werde Licht« (Genesis 1,3; ELB) – und das Spannende: Es *wurde* Licht!

Wir beobachten das Phänomen, dass das Sprechen Gottes etwas in die Wirklichkeit holt, das vorher nicht da war. In dem Fall das Licht. Weitere Kreationen sollten folgen.

Auch wir Menschen können mit dem Sprechen Dinge in die Realität holen. Wenn ich einer Person erkläre: »Ich liebe dich«, dann hole ich etwas in eine größere Wirklichkeit, das sich in mir schon versteckt angebahnt hat. Durch das Aussprechen wird es konkret und sichtbar. Besonders klar wird es bei den Sakramenten. Wenn jemand sagt: »Ich taufe dich auf den Namen des Vaters, des Sohnes und des Heiligen Geistes. Amen« und dich dabei untertaucht oder Wasser auf deinen Kopf schüttet, weil du Christus ähnlich werden willst, so bewirken diese Worte eine unsichtbare Wirklichkeit, nämlich, dass du ein Christusnachfolger geworden bist – mit allem, was das bedeutet. Wenn dich aber einfach jemand im Pool untertaucht, weil er dich necken will, ohne diese Worte zu sprechen, vollzieht sich nicht dasselbe Geheimnis.

Liebe will kommunizieren

Wenn dir dein Freund in einer hochromantischen Zeremonie irgendwo an einem der schönsten geheimen Plätze einen Heiratsantrag macht, dann geht vermutlich dein Herz über. Neben der Freude und dem Jubel wirst du aber auch das Bedürfnis verspüren, diese Neuigkeit deinen Freunden und deiner Familie anzuvertrauen. Du willst dein Glück teilen mit denen, die dir lieb sind. Das ist eine weitere wichtige Erkenntnis: Liebe will sich prinzipiell mitteilen. Liebe liebt es zu kommunizieren.

Wenn wir im Johannesbrief 4,16 lesen: »Gott ist die Liebe«, dann kommt dieses Prinzip des Sich-Mitteilens auch Gott zu. Gott quillt über vor Liebe. Schließlich ist er auch ihr Urheber und Erfinder. Und echte Liebe ist immer kommunikativ und kreativ. Es ist doch wunderschön zu beobachten, wie Paare, die schon lange verheiratet sind, noch immer total erfinderisch sind, wenn es darum geht, ihren Partner zu überraschen und sich ihre gegenseitige Liebe auszudrücken. Echte Liebe bleibt immer frisch und erfinderisch! So sieht es auch in deiner Beziehung zu Gott aus.

Gott hat nicht aufgehört zu sprechen

Manche Menschen glauben, dass Gott zwar in der Vergangenheit gesprochen hat, jetzt aber aufgehört habe, mit uns Menschen zu kommunizieren. Dass er früher extrem kommunikativ war, davon zeugen die vielen Seiten in deiner Bibel.

Vielleicht kennst du die Geschichte von Mose. Er war als Hebräer am Hof des Pharaos von Ägypten aufgewachsen und sah, wie schwer sein Volk zu leiden hatte. Tagtäglich bekam er mit, wie seine Brüder im Sklavendienst geschlagen und unterdrückt wurden. Eines Tages hielt er es nicht mehr aus. In einem Wutanfall erschlug er einen ägyptischen Sklaventreiber. Er wollte eigentlich nur sein Volk retten, aber es funktionierte nicht. Denn Gott hatte ihn zwar berufen, das Volk aus der Sklaverei zu retten, aber er verfolgte eine andere Taktik!

Nachdem Mose geflohen war, weil er als Mörder gesucht wurde, wurde er Schafzüchter in der Wüste und hielt sich so vor dem Pharao versteckt. Aber Gott hatte ihn nicht vergessen. Eines Tages kam die berühmte Feuer-Show Gottes mit dem Dornbusch, der brannte, aber nicht verbrannte. Gott zeigte sich hier dem Mose auf eine Furcht einflößende und spannende Weise. Nach dem Intro, in dem er sich Mose vorgestellt hatte, kam er zur eigentlichen Agenda. Er sagte: »Hey lieber Mose, ich habe folgenden Auftrag für dich: Geh! Ich sende dich zum Pharao! Führe mein Volk, die Israeliten heraus!« (vgl. Exodus

3,10). Mose bekam die absolute Krise und dachte sich: Oh no! Jetzt soll ich zum Pharao gehen, der mich eigentlich einen Kopf kürzer sehen will, weil ich einen seiner Leute erschlagen habe? Er antwortete daher: »Wer bin ich, dass ich zum Pharao gehen und die Söhne Israels aus Ägypten herausführen sollte?« (Exodus 3,11; ELB). Er hatte ja völlig recht!

Eigentlich müsste man sagen: »Lieber Gott des Universums, mal ein kurzer Hinweis. Ist ja ganz nett, dass du so eine coole Show machst, um den Mose zu gewinnen, aber Mose ist absolut der schlechteste von allen Optionen für diese Aufgabe! Vielleicht hast du dich geirrt!«

Vergiss nicht: Mose war ein Mörder! Der Pharao wollte ihn umbringen. Und seine Landsleute waren auch nicht sonderlich beeindruckt von ihm. Mose brachte daher fünf tragfähige Argumente, warum er das Volk nicht aus der Hand der Ägypter befreien konnte. Aber Gott hörte nicht auf, zu ihm zu sprechen. Er wusste, er wollte ihn für diese Aufgabe haben.

Hier die fünf Gründe des Mose, warum er Gottes Auftrag nicht erfüllen konnte. Vielleicht kennst du den einen oder anderen aus deinem persönlichen Leben:

- ***1. Argument: »Ich bin total unwürdig.«***

  Ja, nicht so abwegig. Mose war ein Mörder.
  »Wer bin ich, dass ich zum Pharao gehen und die Israeliten aus Ägypten herausführen könnte?« (Exodus 3,11). Mose argumentiert aufgrund seiner Identität.
  Aber Gottes Antwort war: »Ich werde ja mit dir sein« (Exodus 3,12; ELB).
  Gott gibt Mose einen Schlüssel in die Hand. Er verspricht ihm, mit ihm zu sein. Und er sagt ihm, wer er ist.

- ***2. Argument: »Ich bin total unerfahren«, »Ich kenne Gott noch nicht so gut.«***

  Mose hatte bisher ziemlich wenig Erfahrung mit Gott. Sein Argument war nun: »Gut, ich werde also zu den Israeliten kommen und ihnen sagen: Der Gott eurer Väter hat mich zu euch gesandt. Da werden sie mich fragen: Wie heißt er? Was soll ich ihnen sagen?« (Exodus 3,13).
  Mose sagte also, er sei sehr unwissend in der Sache Gottes. Vielleicht denkst du das auch von dir, dass du quasi noch ein »Baby-Christ« bist und deshalb dem Auftrag Gottes noch nicht folgen kannst.
  Aber auch hier hörte Gott nicht auf, zu ihm zu sprechen, und beschwichtigt ihn.

- ***3. Argument: »Andere glauben mir nicht.«***

  Mose hat ein weiteres Argument gegen das Sprechen Gottes: »Was aber, wenn sie mir nicht glauben und nicht auf mich hören, sondern sagen: Der HERR ist dir nicht erschienen?« (Exodus 4,1).
  Als Antwort gibt Gott ihm ein Zeichen und verwandelt den Stab in eine Schlange! Gott bestätigt sein Reden also durch Zeichen und Wunder. Ja, das kann Gott auch in deinem Leben tun! Selbst wenn du ihn noch nicht so gut kennst.

- ***4. Argument: »Ich kann es nicht.«***

  »Aber bitte Herr, ich bin keiner, der gut reden kann, weder gestern, noch vorgestern, noch seitdem du mit deinem Knecht sprichst. Mein Mund und meine Zunge sind nämlich schwerfällig« (Exodus 4,10).
  Aber Gott antwortet: »Ich bin dein Schöpfer. Ich bin es, der dir das Reden beigebracht hat.« Zur Info: Wenn Gott zu dir sagt, dass du etwas tun kannst, dann kannst du es tun. ☺

- ***5. Argument: »Ich will nicht.«***

  Mose gibt auf. Er hat keine guten Argumente mehr, deshalb sagt er einfach: »Aber Mose bat: Herr, bitte schick doch einen anderen« (Exodus 4,13; NLB).

  Doch Gott sagt: »Okay, ich stell dir jemanden zur Seite. Mach's mit Aaron gemeinsam! Aber mach's!«

Gott sprach so klar zu Mose, weil er ihn für einen Spezialjob haben wollte. Seine Argumente auf Gottes Reden zählten nicht. Wenn du solche Gedanken kennst wie: Ich bin unwürdig, ich bin unerfahren, andere glauben mir nicht, ich kann es nicht, ich will nicht – dann kann es sein, dass Gott dich wie Mose gebrauchen möchte …

In der Bibel lesen wir viele weitere solcher Geschichten. Lange Zeit habe ich, Berna, gedacht, dass solche Dinge nur früher passiert sind. Für mich war es daher eine total überraschende Erkenntnis, dass Gott heute noch immer mit uns sprechen will. Diese Erfahrung machte ich ganz konkret, als ich die sechsmonatige Jüngerschaftsschule in Australien besuchte. Unser Referent erklärte uns Studenten, dass jeder Gottes Stimme hören könne. Bis dato ging ich davon aus, dass Gott nur mit außergewöhnlichen, besonders charismatischen Christen noch immer kommunizieren würde. Aber sehr schnell musste ich das Gegenteil feststellen: Gott richtete sich sogar an mich als junge Katholikin! Genauso sprach er zu jungen Baptisten, Methodisten, Anglikanern und was sonst noch so in der Kirchenlandschaft an Denominationen unter uns Studenten existierte! Gott spricht zu uns allen. Er hat nicht aufgehört, zu seinem Volk zu reden.

Im Hebräerbrief lesen wir: »Jesus Christus ist derselbe – gestern, heute und in Ewigkeit« (Hebräer 13,8; ELB) – eine Bestätigung, dass Gott nicht mittendrin seinen Kurs ändert. Wenn er es liebte, in der Vergangenheit sein Volk zu führen und sich ihm ständig mitzuteilen, so können wir davon ausgehen, dass er heute diese Leidenschaft noch genauso in sich trägt.

Einmal war ich, Berna, mit einer Freundin auf einem Bauernmarkt. Plötzlich entdeckten wir unter den vielen Verkaufsständen einen Tisch, hinter dem eine Frau saß, die Tarotkarten legte. Daneben war ein großes Schild, auf dem stand: »Lassen Sie sich Ihre Zukunft voraussagen«. Eine Viertelstunde kostete 15 Euro.

Als ich die Kartenlegerin sah, hatte ich ganz stark das Gefühl, dass wir für sie aus der Ferne beten sollten. Also suchten wir uns ein gutes Plätzchen. In dem Moment kam eine Klientin und ließ sich die Zukunft voraussagen. Meine Freundin begann für die Tarotkartenlegerin zu beten und ich für die Klientin. Nach der Sitzung stand die Frau auf und verabschiedete sich. In dem Augenblick spürte ich einen Stich im Herzen und hatte stark das Gefühl, dass ich ebenfalls aufstehen und zu ihr hingehen sollte. Allerdings wusste ich dem Moment überhaupt nicht, was ich denn in aller Welt zu ihr sagen sollte. Aber nachdem der Eindruck so stark war, näherte ich mich ihr und sagte:

»Entschuldigung, das wirkt jetzt sicherlich total seltsam, aber ich habe das Gefühl, ich muss Ihnen unbedingt etwas mitteilen.«

Sie schaute mich erstaunt an.

Plötzlich ploppten klar folgende Worte in meinen Kopf, die ich ihr sagte: »Gott liebt Sie wie ein Vater!«

Mit der Reaktion hatte ich nicht gerechnet: Völlig entgeistert starrte sie mich mit weit geöffneten Augen an. Plötzlich füllten sie sich mit Tränen.

Ich wollte in diesem Moment am liebsten im Boden versinken und dachte: »O nein, was hab ich nur gemacht?!?«

Aber dann – nach einer gefühlten halben Minute des Anstarrens – stammelte sie: »Woher wissen Sie das?« Und dann erzählte sie mir, dass sie ein sehr schwieriges Verhältnis zu ihrem Vater hatte. Jahrelang hatten sie keinen Kontakt mehr zueinander gehabt. Aber vor drei Tagen hatte er sich gemeldet. Sie begann mich zu umarmen und sich intensiv bei mir zu bedanken für diese Worte. Wow! Ich hatte tatsächlich Gott gehört. Er hatte in diesem Moment eine dringende Botschaft für seine geliebte Tochter gehabt. Was für eine Ehre, dass ich in diesem Fall die Briefträgerin für Gott sein durfte!

In der Zwischenzeit habe ich unzählige Male erlebt, dass Gott zu mir und zu anderen Menschen gesprochen hat. Oft ganz leise durch einen Gedanken, manchmal spektakulär durch Umstände und nicht selten durch die Worte anderer Menschen.

Wie ein liebender Vater will Gott mit seinen Söhnen und Töchtern kommunizieren.

Gott ist an unserem Leben interessiert, er möchte Teil davon sein und uns helfen, dass wir es wirklich in der Fülle genießen können. Wie ein liebender Vater will er mit seinen Söhnen und Töchtern kommunizieren. Und das tut er auch. Das Problem ist eher, dass wir es verlernt haben, ihm zuzuhören.

Warum eigentlich Gottes Stimme hören?

Was nützt es dir, wenn du Gottes Stimme hörst? Reicht es nicht, dass Gott in der Vergangenheit gesprochen hat? Warum ihn weiter strapazieren?

Hier kommt noch einmal ein Vergleich mit dem lange verheirateten Ehepaar. Der Mann könnte zum Beispiel denken: »Eigentlich reicht es doch völlig aus, dass ich meiner Frau am Tag unserer Hochzeit meine Liebe gestanden habe und ihr das Versprechen gegeben habe, ihr bis an mein Lebensende treu zu sein. Das muss ich doch nicht ständig wiederholen.« Wer in einer Beziehung ist, weiß jedoch, dass diese davon lebt, sich immer wieder neu zu erklären, wie sehr man sich liebt, wie sehr man vom Wesen der anderen Person fasziniert ist.

Mit Gott ist es genauso. Gott liebt es, uns ständig daran zu erinnern, wie extravagant er uns liebt. Sein Herz fließt über bei jedem Blick, mit dem er uns anschaut, und er kann seinen Blick nicht abwenden. Du ziehst ihn in den Bann. Er ist hingerissen von deinem Wesen, der Schönheit deiner Augen und der Art deiner Persönlichkeit. Er liebt dich über alles und will dir unentwegt seine Liebe gestehen. Genauso wünscht er sich natürlich auch von dir zu hören, wie sehr du ihn liebst und dass du ihm gehörst.

Der erste Grund, warum wir als Christen Gottes Stimme hören sollen, ist *Intimität*. Eine gute Beziehung lebt davon, dass sich beide Partner mitteilen. Fatal wäre es, wenn über Jahre nur immer einer sprechen würde! Manchmal leben wir das so mit Gott. Wir kommen zu ihm in unserer persönlichen Gebetszeit, überschütten ihn mit aktuellen und akuten Anliegen aus unserem Leben. Bevor er noch antworten kann, beenden wir das Gespräch schon wieder und gehen über ins Alltagsgeschehen. Eine solche Art von Beziehung möchte ich nicht führen, wenn ich mir vorstelle, dass ich niemals zu Wort komme, sondern nur mit den Sorgen der anderen Person geduscht werde!

Du bist für Intimität geschaffen. Gott will mit dir innige Gemeinschaft leben – auf der geistigen, emotionalen und seelischen Ebene. Sprechen und Zuhören führen dazu, dass du ihm dein Herz schenkst und er dir. Geheimnisse sind dabei übrigens extrem wichtig! Achte darauf, dass du mit Gott einige besondere Geheimnisse hütest und deinen inneren Garten pflegst, zu dem nur du und er Zutritt haben.

Ein weiterer Grund, warum wir Gottes Stimme hören sollen, ist *Identität*. Wenn du Gott zuhörst, erkennst du immer mehr, wer du eigentlich bist. Allein dadurch, dass er dir sagt: »Du bist mein geliebter Sohn!«, oder: »Du bist meine wunderschöne Tochter!« wachsen wir tiefer hinein in diese Realität. Indem wir »Vater« sagen, nennt er uns »Sohn«, »Tochter«. Die Begriffe konstituieren eine Wirklichkeit. Gott will uns strahlen sehen, er will uns in der vollen Entfaltung unserer Identität sehen. Zu lange haben wir den Lügen des Widersachers zugehört, der uns erklärt, was wir alles nicht können. Deshalb ist es an der Zeit, auf die Stimme des Vaters zu hören, der uns in unsere ureigenste Identität hineinruft. Schließlich ist er unser Designer und der Urheber unseres Lebens.

Der dritte Grund, warum wir Gottes Stimme hören sollen, ist unsere *Autorität* in Christus und der daraus fließende Dienst. Weil er der Schöpfer und Vater des Universums ist, ist jede Autorität ihm zugeordnet. Wenn wir im Einklang mit seinem Willen sind und in seinem Auftrag handeln, tragen wir seine Autorität. Um zu wissen, was sein Wille für eine ganz konkrete Situation ist, ist es notwendig, ihm zuzuhören.

Gott will dich gebrauchen, mit dir zusammenarbeiten – aber in aller Freiheit und in wechselseitiger Abhängigkeit. Wenn wir wissen, wer sind, wissen wir auch, was wir zu tun haben. Frederick Buechner hat folgendes Wort geprägt: »Berufung ist dort, wo es dich zutiefst glücklich macht, der Not der Welt zu begegnen.« Wenn wir unseren Ruf ergreifen, haben wir erkannt, wie unsere Persönlichkeitsstruktur ist und wie wir gestrickt sind, um die bestmögliche Antwort auf ein Problem in der Welt zu sein. Berufung und Dienst können dabei sehr vielschichtig sein: Gott ruft die einen in den Bereich Medien, andere in die Wirtschaft, Politik, Erziehung, Familie, Sport, Medizin oder Kirche. Überall sind wir als Christen gerufen, sein Licht sichtbar zu machen und dort, wo wir wirken, die Welt ein Stück schöner zu machen. Egal wo: Überall sollten wir mit dem Urheber des Glücks in einem guten Austausch stehen.

Wie Gott spricht

Momentan gibt es etwas über sieben Milliarden Menschen auf der Erde. Jeder ist einzigartig und individuell. Genauso ist die Art, wie Gott zu uns Menschen spricht, sehr unterschiedlich. Er findet einen sehr persönlichen Weg für jeden von uns. Dabei beschränkt er sich nicht nur auf Vollblut-Christen. Er kommuniziert auch mit Menschen, die ihn noch nicht kennen. Dabei ist es natürlich sein größter Wunsch, dass auch sie sich ihm anvertrauen.

Trotz all dieser verschiedenen Wege, durch die Gott zu uns spricht, gibt es einige Arten, von denen Gott sehr oft Gebrauch macht. Wir stellen sie im Folgenden vor:

- ***Bibel***

  Eine sehr häufige Art, wie Gott uns Dinge mitteilt, ist über sein bereits gesprochenes Wort. Indem du in der Bibel liest, beginnst du, immer mehr die Denkweise Gottes anzunehmen. Du gewinnst seine Perspektive und entdeckst zwischen den Zeilen seine Charakterzüge. Sehr oft verwendet Gott ein geschriebenes Wort, um es für dich in einer aktuellen Situation lebendig werden zu lassen.

- ***Träume und Visionen***

  Es gibt Menschen, zu denen Gott besonders durch Träume spricht. Wenn du außergewöhnliche Träume hast, die sich von der Verarbeitung der Erlebnisse des Vortages unterscheiden, dann schreib sie auf. Beginne sie mit anderen zu teilen und auf diese Weise zu testen. Meistens erkennt man den Unterschied zu »normalen« Träumen schnell, aber es braucht auch eine Zeit, um die Art, wie Gott durch Träume spricht, zu durchschauen. Ein wichtiges Kriterium ist dabei, dass Gott grundsätzlich immer positiv und ermutigend spricht. Es ist nicht seine Art, durch furcht einflößende Albträume zu uns zu reden.

In unserer Zeit verwendet Gott Träume auffällig oft, um zu Muslimen zu sprechen. Im Islam ist man sich dessen bewusst, dass Träume sehr oft von Gott kommen, weshalb Muslime extrem offen für diese Art von Gottes Sprechen sind und es auch häufig erleben. In Kairo gab es sogar eine Zeitungsannonce, in der Folgendes stand: »Haben Sie in letzter Zeit von einem Mann in weißen Gewändern geträumt? Wenn ja, rufen Sie uns an.« Das Inserat wurde von Christen aufgegeben, die Bibelunterricht für konvertierende Muslime anbieten.

Eine Vision ist ein real erlebtes Bild der Zukunft oder einer übernatürlichen Begegnung. In der Bibel lesen wir mehrmals von Visionen und ich habe Menschen getroffen, die sagen, dass sie eine Vision von Gott geschenkt bekommen haben. Zum Beispiel hatte Saulus, ein radikaler Christenverfolger, auf dem Weg nach Damaskus plötzlich aus heiterem Himmel eine Vision von Jesus. Das war ein so überwältigendes Erlebnis, dass er zu Boden stürzte, mit Jesus in der Vision sprach (obwohl seine Begleiter nichts sahen) und danach für einige Zeit sogar erblindete (Apostelgeschichte 9,3-8)!

Visionen sind also eine eindrucksvolle Erfahrung, die man auf alle Fälle von einem normalen Tagtraum oder Gedankengebilden, die von zu viel Restalkohol oder Gras herrühren, unterscheiden kann. Sie tragen immer eine existenzielle Note und betreffen meistens die Berufung des Menschen, der sie von Gott empfängt.

Auch am Beginn von Loren Cunninghams großer Missionsorganisation YWAM (Youth With a Mission) stand eine Vision.[9] Er berichtet, dass er am Abend wach im Bett lag und die Bibel las, während er Gott bat, zu ihm zu sprechen.

Plötzlich sah er – hellwach auf dem Bett liegend – vor sich eine riesige Landkarte, über die Wellen schwappten. Entgeistert riss er die Augen auf, rieb sie, setzte sich auf und schüttelte den Kopf. Die Karte war noch immer da und die Wellen bewegten sich. Er konnte alle Kontinente sehen. Plötzlich verwandelten sich die Wellen in junge Leute, die in alle möglichen Länder strömten. Jahre später sollte sich diese Vision verwirklichen. Jugend mit einer Mission hat heute über zwei Millionen Jugendliche in Jüngerschaft trainiert – Tendenz stetig wachsend – und ist eine der größten Missionsbewegungen in 180 Ländern.
Visionen sind heutzutage selten. Wenn du denkst, du hast eine Vision gehabt, ziehe auf alle Fälle erfahrene Leiter zurate. Sonst kann es sehr schnell missverständlich werden. Manche Christen wollen durch eine sogenannte Vision ihre Sendung bestätigen und sich selber legitimieren. Visionen sind deshalb eher mit Vorsicht zu genießen und auf alle Fälle von einer vertrauenswürdigen Autorität zu bestätigen.

- ***Andere Menschen***

Gott liebt es, durch andere Menschen zu sprechen. Sehr oft hat er vermutlich auch dich schon verwendet, um andere seine Stimme hören zu lassen. Umgekehrt kann Gott auch durch Menschen zu dir sprechen, die keine Christen sind und ihn noch gar nicht kennen. Vielleicht gehst du mit jemandem in ein Café oder triffst einen Kollegen am Sportplatz und diese Person sagt etwas, das dich mitten ins Herz trifft und dir weiterhilft. Es kann sogar die Verkäuferin im Supermarkt sein. Deshalb ist es gut, darauf zu achten, welche Worte wir wählen und wie wir Menschen begegnen. Vielleicht gebraucht dich Gott im Gespräch mit der nächsten Person, die du triffst?!

- ***Leiter und Vorgesetzte***

  Häufig spricht Gott auch durch Vorgesetzte und Autoritätspersonen. Das beginnt bei den Eltern. Als Kind versteht man beispielsweise nicht, warum man nicht so viel Schokolade essen darf, wie man möchte, oder warum man zu einer geregelten Uhrzeit ins Bett muss. Indem wir trotzdem gehorchen, lernen wir zu vertrauen, dass unsere Eltern etwas mehr Erkenntnis haben und wissen, warum das gut für uns ist.

  Gott liebt Ordnung und er gibt Verantwortungsträgern Autorität und hilft ihnen dadurch in ihrer Rolle. Er will, dass wir unseren Leitern vertrauen können und segnet es grundsätzlich, wenn wir uns ihnen unterordnen. Dass es auf diesem Gebiet fatalen Missbrauch geben kann, ist eine himmelschreiende Sünde, die Gott sehr traurig macht. Außerdem will Gott keinen blinden Gehorsam, sondern einen gesunden und wohl bedachten Beziehungsgehorsam. Hier braucht es ein gutes Abwägen zwischen Vertrauen, Gewissen, Gehorsam und Liebe.

  Grundsätzlich kann es aber immer eine Hilfe sein, Leiter und Vorgesetzte in einer Frage bezüglich dessen, was Gott spricht, zurate zu ziehen. Er liebt es auch heute noch, auf diese Weise zu sprechen.

- ***Zeugnisse und Storys***

  Gott liebt Zeugnisse. Erstens ist er selber ein extrem guter Storyteller. Zudem schreibt er total gern mit uns persönlich Geschichte. In der Schule hatte Jesus in einem Fach sicherlich eine römische Eins: wenn es darum ging, auf krummen Zeilen gerade zu schreiben. ☺ Gott schreibt wirklich humorvolle und individuelle Geschichten. Deshalb ist es auch gut, sie zu erzählen. In Offenbarung 19,10 lesen wir: »Denn das Zeugnis Jesu ist der Geist der Prophetie« (eigene Übersetzung). Das bedeutet: Wenn wir das erzählen, was Jesus in unserem Leben getan hat, setzt das eine Kraft frei, durch die Gott Ähnliches im Leben anderer Menschen tun kann. Der Geist der Prophetie ist der Geist Jesu, derselbe, durch den wir die Stimme unseres himmlischen Vaters vernehmen. Deshalb spricht Gott oft so besonders deutlich zu uns durch die Königreich-Geschichten anderer.

- ***Schöpfung***

  Die Schöpfung ist Ausdruck der kreativen Liebe Gottes. Wer möchte nicht weit entfernte Länder und beeindruckende Naturschauspiele wie die Victoria-Wasserfälle, den Grand Canyon oder die weißen Strände der Karibik sehen? Wenn wir auf die sich ins Meer senkende Sonne und den sanft pinken Abendhimmel schauen, während wir auf einer Bank sitzend die letzten Strahlen genießen – sind wir dann nicht hingerissen von dieser Schönheit? Wenn der Alltag so verschwindend klein wird, während wir eine Bergspitze erklimmen und einen atemberaubenden Blick übers Land haben – wie können wir da gleichgültig bleiben? Oder wenn wir unter tausend Sternen übernachten, den Blick auf die klare Milchstraße richten und plötzlich drei Sternschnuppen gleichzeitig niederregnen – fühlen wir uns da nicht unfassbar privilegiert? Gott spricht durch seine Schöpfung zu uns, er motiviert unser Herz, größer zu denken und seine Wirklichkeit in unser Leben einzubeziehen.

- ***Äußere Umstände***

  Stell dir vor, du merkst, dass du eine berufliche Veränderung brauchst. Du betest um einen neuen Job. Tags darauf spricht dich ein Freund aus heiterem Himmel an, ob du

nicht in sein Start-up-Unternehmen wechseln willst, weil sie genauso einen wie dich brauchen.
Natürlich sind solche »offenen Türen« immer gut zu prüfen, weil uns manchmal auch der Widersacher mit verlockenden Angeboten von unserem eigentlichen Ruf abhalten will. Dennoch spricht Gott auch auf diese Weise, indem er äußere Umstände so lenkt, dass wir darin sein Wirken erkennen. Wenn du in einer solchen Situation bist, nimm dir genügend Zeit und ziehe Menschen aus deinem Umfeld zurate, die dir bei der Unterscheidung helfen, ob diese offene Tür tatsächlich von Gott kommt oder nicht.

- ***Charismen***

  Charismen sind übernatürliche Geistesgaben, durch die Gott besonders häufig spricht. Sie sind Geschenke des Heiligen Geistes und erfordern zu einem gewissen Grad die Gegenwart des Heiligen Geistes, weshalb sie eng mit dem Reden und Wirken Gottes in Verbindung stehen. Dennoch ist der Empfänger und Träger eines Charismas für die Ausübung dessen auch verantwortlich. Das bedeutet, dass wir nicht nur das Charisma entwickeln sollen, sondern auch unseren Charakter. Leider kommt es oft zu Verunsicherungen, wenn Letzteres fehlt oder Menschen schlechte Verwalter der ihnen anvertrauten Charismen sind.
  Eine Aufzählung der Geistesgaben finden wir in 1. Korinther 12: die Gabe der Weisheit, der Einsicht, die Gabe der Glaubenskraft, die Heilungsgaben, die Gabe, Wunder zu tun, die prophetische Rede, die Gabe der Unterscheidung, die Zungenrede und deren Auslegung.
  Das alles sind Hilfen zum Aufbau der Kirche und zur Stärkung des Glaubens. Wenn wir sie einsetzen, indem wir zum Beispiel für jemanden um Heilung beten und derjenige bemerkt, dass seine Schmerzen augenblicklich ver-

schwunden sind (ja, das passiert auch heute noch sehr häufig, wenn wir darum beten!), dann hat sich Gott der entsprechenden Person gezeigt. Erfahrungsgemäß möchte sie ihn daraufhin besser kennenlernen. Gott gebraucht uns also durch Charismen und spricht zu Personen auf diese besondere Weise.

- ***Gewissen***

Das Gewissen ist ein interessantes Phänomen. Es ist die Instanz, durch die Gott sehr häufig zu uns spricht. Meistens kennen wir es eher in Form von »schlechtem Gewissen«, wenn wir etwas getan haben, das unserem Empfinden nach nicht in Ordnung war, oder etwas unterlassen haben. Das Außergewöhnliche daran ist, dass *jeder* Mensch ein Gewissen hat. Das bedeutet, dass Gott durch diese Instanz zu *allen* Menschen spricht, nicht nur zu Christen. Intuitiv weiß zum Beispiel jeder, dass man nicht einfach über das Leben eines anderen verfügen darf, bloß weil er gerade nervt. Man könnte berechtigterweise einwenden, dass es dennoch viel zu viele Morde auf der Welt gibt. Der Grund ist ein abgestumpftes Gewissen bei einigen Menschen. Paulus schreibt davon, dass einige im Glauben deshalb »Schiffbruch erlitten« haben, weil sie die Stimme ihres Gewissens missachteten (vgl. 1 Timotheus 1,19). Wenn es regelmäßig ignoriert wird, lässt die Sensibilität nach und wir können die Stimme Gottes nur noch schwer hören. Grundsätzlich ist das Gewissen eine sehr gute Hilfe bei der Unterscheidung, ob wir etwas tun sollen oder nicht. Wenn es sich meldet, sofern wir gute Dinge unterlassen wollen, kann das ein hilfreicher Hinweis sein, dass Gott gerade etwas durch uns tun möchte.

- ***Innere Stimme***

  Die innere Stimme ist die wohl häufigste Art, wie Gott mit uns kommuniziert. In der Regel ist es einfach ein Gedanke, den Gott uns schenkt und der mit dem Gedankenstrom kommt, der beständig in unserem Kopf fließt.

  Ich bin davon überzeugt, dass *jeder* Mensch die Stimme Gottes in seinen Gedanken bereits vernommen hat. Zum Beispiel durch einen Geistesblitz, eine Idee, die plötzlich in den Kopf geschossen kam und der man gefolgt ist – mit dem Ergebnis, dass es absolut gut war oder einfach durch positive, stärkende Gedanken. Das Schwierigste an der Sache ist, die Stimme Gottes von den anderen Stimmen in unserem Kopf zu unterscheiden.

  Gott spricht sehr unterschiedlich in unseren Gedanken. Oft verwendet er unser Gedächtnis, unser Unterbewusstsein und unsere Vorstellungskraft. Wenn wir Gott ganz konkret eine Frage stellen, zeichnet sich beispielsweise ein inneres Bild in unserer Fantasie ab und wir können Gott ganz konkret fragen, was er uns damit sagen möchte. Vielleicht ruft er dir eine vergangene Situation in deinem Leben ins Gedächtnis oder schenkt dir eine Idee, erinnert dich an ein Tier und eine besondere Eigenschaft, die damit verbunden ist, oder einen Gegenstand, durch den er dir etwas Konkretes mitteilen möchte. Vergiss dabei nicht, dass Gott sehr kreativ ist! Manchmal muss man auch etwas intensiver nachdenken über das, was Gott plötzlich unverhofft in die Gedanken platziert, und den Heiligen Geist bitten, es zu entschlüsseln. Keine Angst, Gott ist treu. Er wird so zu dir sprechen, wie du es brauchst.

Wir Österreicher lieben Berge. Stell dir vor, du fährst mit deinem kleinen dreijährigen Sohn mit der Seilbahn aufs Gipfelplateau. Oben angekommen genießt du die Aussicht. Plötzlich bemerkst du, dass dein Sohn relativ weit an den Rand der schroffen Klippe geht, die steil bergabwärts führt. Was wirst du tun? Zum einem ihm sicherlich aufgeregt zurufen: »Achtung, pass auf! Das ist sehr gefährlich!« Nachdem dein Sohn aber noch sehr jung ist und die Gefahr vermutlich nicht gut genug einschätzen kann, wirst du ihn wohl auch packen und in eine sicherere Umgebung bringen.

Etwas anderes wäre es, wenn du nicht mit deinem Sohn, sondern mit einem Studienkollegen unterwegs wärst. Vermutlich würdest du ihm in derselben Situation, in der er sich gefährlich weit an den Rand der Klippe wagt, genauso zurufen: »Achtung, das ist sehr gefährlich!« Aber eins wirst du in diesem Fall wohl nicht tun: ihn packen und in Sicherheit bringen. Vielmehr vertraust du seiner Fähigkeit, die Situation richtig einzuschätzen und sich selber in einen genügenden Abstand zu bringen, der garantiert, dass es nicht lebensgefährlich wird.

Genauso ist es mit Gott: Er weiß genau, wie gut du in der Lage bist, seine Stimme zu hören und auf welche Art er sprechen muss. Vertrau also mehr auf die Fähigkeit Gottes, zu dir zu sprechen, als auf deine eigene Fähigkeit, seine Stimme zu hören. Gott will, dass du verstehst, was er spricht. Wenn nötig, dann packt er dich liebevoll und kommuniziert auf diese Weise, dass er dich in Sicherheit bringen will.

Die drei Stimmen in deinem Kopf

Grundsätzlich finden wir in unserem Gedankenstrom drei Quellen, denen unsere Gedanken entspringen. Das eine sind neutrale Gedanken, zum Beispiel die Frage, was es am Abend zu essen geben wird, oder die Erinnerung, dass man vergessen hat, die Wäsche aus der Waschmaschine zu nehmen. Das andere sind Ideen und Inspirationen, die Gott uns gibt und die genauso mit den alltäglichen Gedanken kommen. Nicht immer identifizieren wir sie als solche. Zudem erfordert es oft sehr viel, ihnen auch zu folgen. Es ist eine Übungssache, die einiges an Vertrauen braucht. Je öfter man der inneren Stimme folgt und dabei erlebt, dass es einen selbst, die persönliche Beziehung zu Gott und auch andere bereichert, umso eher wird man motiviert sein, ihr beim nächsten Mal genauso zu folgen. Wenn man aber nicht sicher ist, dass Gott es wirklich gut mit einem meint, dann ist es schon um einiges schwieriger, seiner Stimme zu folgen. Außerdem braucht es etwas Training, um die Stimme Gottes von den anderen zu unterscheiden.

Es braucht etwas Training, um die Stimme Gottes von den anderen Stimmen zu unterscheiden.

Dann gibt es noch die dritte Stimme. Das ist die Stimme des Widersachers, der uns negative Gedanken eingibt und uns dazu motivieren möchte, egoistisch zu handeln. Er kann nicht unser Handeln beeinflussen, aber uns Material aus seiner Quelle zufließen lassen, das sich ganz natürlich in unseren Gedankenstrom mischt. Der negative Gedanke an sich liegt dabei noch nicht in unserer Verantwortung. Allerdings entscheiden wir, was wir damit machen. Zum Beispiel kann ich vielleicht erst mal nichts dagegen tun, dass mir eine bestimmte Frau auffällt und ich sie sehr attraktiv finde. Ich kann mich nun aber stundenlang damit beschäftigen, wie es wäre, eine Affäre mit ihr zu beginnen, obwohl ich verheiratet bin. Im Kopf nähren wir dann den negativen Gedanken und füttern ihn so lange, bis er als Tat in die Realität tritt.

Wie du erkennst, ob etwas von Gott kommt

Wie kann man nun die Gedanken unterscheiden? Dafür brauchst du – wie der Name schon sagt – die Gabe der Unterscheidung der Geister. Grundsätzlich besitzt du sie dadurch, dass du als Kind Gottes Tempel des Heiligen Geistes (1. Korinther 6,19) bist. Aber es ist natürlich wie bei jedem Charisma auch eine Übungssache.

Zum einen: Wir lesen, dass Gott als Vater des Lichts die Quelle aller guten Gedanken ist (vgl. Jakobus 1,17). Das heißt, dass ich jeweils fragen kann: Ist der Gedanke positiv? Ist er gut für mich und für andere? Führt er mich näher zu Gott?

Negative Gedanken kann man am besten an ihrer Frucht erkennen. Wenn man sie weiterverfolgt, bleiben Scherben als Resultat zurück, selbst wenn es anfangs sehr verlockend schien.

Nachdem du die Grundsatzunterscheidung getroffen hast – erster Filter: positiv? – gibt es noch ein paar weitere Filter, die dir helfen, einen Gedanken klarer als Stimme Gottes zu identifizieren.

- ***Bibel***

  Für die Unterscheidung ist das geschriebene Wort Gottes sehr wichtig. Gott wird nie etwas zu dir sagen, was seinem geschriebenen Wort widerspricht.

  Frage dich: Stimmt der Gedanke mit dem überein, was Gott in der Vergangenheit gesprochen hat? Ist er konform mit seinem Wort?

  Wenn du das iPad deines Freundes neben dir liegen siehst, musst du dich nicht fragen, ob das ein Zeichen ist, dass du es dir einverleiben darfst und es in Zukunft dir gehört. Gott hat uns bereits gesagt, dass wir nicht stehlen sollen, und wir müssen ihn in dieser Sache nicht neu befragen.

  Einige denken: »Ich weiß aber gar nicht, ob dazu etwas

in der Bibel steht, zu meiner Frage finde ich da nichts.« Dann kannst du Gott um ein aktuelles Wort bitten. Andere wieder denken: »Moment mal, ich kann für fast alle Lebenssituationen eine Bibelstelle finden, mit der ich etwas rechtfertigen kann. Gott liebt doch alle Menschen. Warum sollte ich dann nicht mit zwei Mädchen gleichzeitig eine Beziehung führen können? Ich liebe sie eben auch beide. Gott gibt mir also recht.« Stimmt aber nicht. Irgendetwas sagt uns ja auch intuitiv: »Moment mal, da passt etwas nicht.« Eine Bibelstelle kannst du vielleicht schon finden, die eine Handlung weitläufig mit einiges an Interpretationskunst rechtfertigt. Aber es gibt klare Regeln, nach denen die Schrift ausgelegt wird. Eine der wichtigsten lautet: Man legt die Schrift mit der Schrift aus. Damit ist gemeint, dass es große wesentliche Linien und Gedankenstränge vom Anfang der Bibel bis zum Ende gibt. Diese gilt es zu kennen. Auch einzelne Verse sollte man immer nur unter dem Blick des Ganzen lesen. So ist beispielsweise das Eifern Gottes um sein Volk eine zentrale Linie. Oder die beständige Umkehr des Volkes Israel zu seinem Gott.

Je mehr du sein Wort studierst, umso besser lernst du seine Sichtweise auf die Dinge kennen und schaffst dir einen Wahrheits-Pool in deinem Unterbewusstsein an, auf den Gott zurückgreifen kann.

- ***Gottes genereller Wille***

Ein weiterer Punkt ist es, Gottes generellen Willen zu kennen. Wir haben keinen Gott, der willkürlich agiert. Er hat von Beginn an klar seine Sicht auf den Menschen dargelegt, nie hat er sich widersprochen. Seine Absichten, Gedanken, Gefühle für den Menschen haben sich nicht geändert.

Durch die ganze Menschheitsgeschichte gibt es keine Ver-

änderung von Gottes Willen für seine Kinder. Ein Schlüssel für dein geistliches Leben ist es, diesen Willen zu erforschen. Gott möchte, dass du eines Tages nahe bei ihm bist. Aber er möchte auch schon auf Erden in deiner Nähe sein. Gott ist ein eifersüchtiger Gott. Er will nicht, dass du Götter neben ihm hast. Nein, auch keine kleinen Alltagsgötzen, wie auch immer diese aussehen mögen. Dabei ist ihm dein freier Wille immens viel wert, so viel, dass er sogar bereit ist, seinen eigenen Sohn als Lösegeld für jeden zu geben, der bereit ist umzukehren (vgl. Johannes 3,16).
Wo findest du aber Gottes generellen Willen? Natürlich in der Bibel. So ist die Frage, ob du andere Menschen zu Gott bringen sollst, schon beantwortet. Dazu hat Gott seine Absichten durch eine Schriftstelle schon erklärt, und zwar in 1. Timotheus 2,4: »Er will, dass alle Menschen gerettet werden und zur Erkenntnis der Wahrheit gelangen.« An diesen Beispielen und vielen weiteren Bibelstellen erkennst du Gottes allgemeinen Willen.

- ***Charakter Gottes***

  Frage dich auch, ob das Besagte mit Gottes Charakter übereinstimmt. Passt es zu der Art, wie Gott sonst handelt? Gott ist ein Gott der Liebe und alles, was er tut, ist von dieser Liebe durchdrungen.

- ***Früchte***

  In Jakobus 3,17 lesen wir: »Denn die Weisheit von oben ist erstens heilig, dann friedfertig, freundlich, gehorsam, reich an Erbarmen, und guten Früchten, sie ist unparteiisch und sie heuchelt nicht.«
  Verfolge deinen Gedanken weiter und überlege, welche Frucht daraus erwächst. Ist es gewinnbringend für alle Beteiligten? Führt der Gedanke zum Leben oder zum Tod?

Bleibt ein positives Gefühl, eine Ermutigung oder ein negativer Beigeschmack?

- ***Friede***

  Ein sehr wichtiges Kriterium ist der innere Friede. Es bedeutet nicht, dass ein Gedanke nicht auch einmal aufregend und aufwühlend sein kann, aber schlussendlich muss ein Gefühl von Frieden da sein, wenn er von Gott kommt. Ignatius von Loyola spricht vom inneren Trost, der von Gott kommt und uns hilft, Dinge als richtig zu verifizieren.

- ***Roter Faden***

  Achte auch darauf, wie Gott dich in der Vergangenheit geführt hat und was er zu dir gesprochen hat. So gut wie immer lässt sich ein roter Faden erkennen, wenn wir das auch im Moment nicht immer so klar sehen wie im Nachhinein. Gott nimmt keine willkürlichen Kursänderungen vor oder hat eine unberechenbare Tsunami-Führung, sondern er bereitet uns meist innerlich schon auf große Wenden vor und bestätigt diese.

- ***Heiligkeit***

  Frage dich auch, ob es dich Gott ähnlicher macht, dich ihm näher bringt und du dadurch mehr in deine Identität und Berufung hineinwächst, die Gott dir geschenkt hat. Wirst du mehr zu der Person, die Gott sich gedacht hat?

Wenn du das, was du von Gott hörst, durch diese Filter laufen lässt und es in allen besteht, dann kannst du mit großer Wahrscheinlichkeit davon ausgehen, dass Gott gerade zu dir spricht. Hilfreich ist es auch, Leiter oder Personen zurate zu ziehen, die dich gut kennen, denen du vertraust und denen du die Erlaubnis gibst, in dein Leben zu sprechen. Sie können eine wunderbare Bestätigung und Hilfe sein, gerade wenn du eine wichtige Entscheidung treffen musst.

Je öfter du die Stimme Gottes unterscheiden lernst, umso einfacher wird es auch. Du musst dann nicht immer alles langwierig und höchst kompliziert durch alle Filter laufen lassen, sondern es wird ein automatischer Prozess. Du wirst immer mehr sensibilisiert für die kleinen Impulse, die Gott dir im Alltag gibt.

Warum wir Gottes Stimme oft nicht hören

Natürlich gibt es auch Gründe, warum wir Gottes Stimme nicht oder nur schlecht hören. Sehr oft liegt das nicht daran, dass Gott nicht zu uns sprechen möchte, sondern eher daran, dass wir nicht richtig zuhören. Gottes Gedanken über uns sind wie der Sand am Meer (vgl. Psalm 139,17). Hier kommen ein paar Gründe, die uns davon abhalten, Gottes Stimme zu hören:

- ***Schlechtes Zuhören***

  Manchmal *wollen* wir Gottes Meinung von einer Sache gar nicht so genau hören. Vielleicht weil wir Angst haben, dass er es nicht gut findet oder uns etwas vorenthält, wenn wir ihn in die Entscheidung einbeziehen. Oft geschieht es, dass wir zwar beten: »*Dein* Reich komme, *dein* Wille geschehe!«, aber eigentlich meinen: »*Mein* Reich komme, *mein* Wille geschehe.«

  Dann ist es gut, unser Herz zu durchforschen und Gott um Verzeihung zu bitten, wo wir ihm aufgrund eines falschen Gottesbildes nicht richtig vertrauen konnten und nicht auf seine Stimme hören wollten.

- ***Sünde und andere Stimmen***

  Oft hält uns die Sünde davon ab, Gottes Stimme wahrzunehmen. Wir denken: Ich bin nicht in der richtigen Verfassung, um Gott zu hören, deshalb versuche ich es gar nicht erst. Oder unser Herz ist so zugemüllt von Sünde, dass wir die leise Stimme unseres himmlischen Papas ständig mit den lauten negativen Gedanken der Sünde übertönen. Wir nehmen uns dann auch nicht die Zeit, um in der Stille der Stimme Gottes Gehör zu verschaffen.

- ***Unglaube***

  Unglaube hält uns davon ab, dass wir uns Gott ganz ausliefern, dass wir ihm vertrauen und auf ihn hören. Es ist der nagende Zweifel: »Im Letzten funktioniert es nicht«, »Zu mir spricht Gott nicht«, »Gott hat kein Interesse, keinen Grund, um zu mir zu sprechen«. Gott wünscht sich nichts mehr als Vertrauen. Und dafür können wir uns einfach entscheiden, was umso leichter wird, je besser wir Gott kennenlernen. Wenn du mit viel Unglauben in deinem Leben zu kämpfen hast, versuche das Bild, das du von Gott und dir selbst hast, richtigzustellen, indem du dich mit Gottes Wahrheit beschäftigst.

No risk, no fun!

Irgendwann meinen wir dann, Gottes Stimme ausgemacht zu haben. Aber wir sind immer noch unsicher. Ein Hindernis, das sich uns oft in den Weg stellt, ist die Angst vor Fehlern. Sie bestimmt uns so, dass wir das Gute lieber sein lassen aus Angst, einen Fehler zu machen.

Stell dir vor, eine Mutter entscheidet sich, ihr Kind ihr ganzes Leben lang zu tragen aus Angst, es könnte hinfallen, wenn es das Gehen lernen würde. Selbst mit 21 Jahren könnte der junge Mann noch nicht laufen – aufgrund der Ängste seiner Mutter. Was für eine absurde Vorstellung! Fehler gehören zum Lernprozess genauso dazu wie die Fortschritte.

Einmal bin ich, Berna, die Salzach entlangspaziert. Manchmal drehe ich dort meine Gebetsrunde und auch diesmal war ich gut vertieft ins Gespräch mit Gott. Plötzlich sah ich vor mir eine Familie mit zwei Söhnen, einer war circa 13 Jahre alt, der andere kleiner, sechs oder sieben. Der Teenager-Junge stach mir sofort in die Augen, weil er Krücken hatte. Als ich ihn sah, hatte ich plötzlich den Eindruck, dass er ohne Krücken gehe. Sanft hörte ich in meinem Herzen den Gedanken: »Sprich sie an und bete für den Jungen!«

Fehler gehören zum Lernprozess genauso dazu wie die Fortschritte.

Eifrig bemühte ich mich sofort, Gott zu erklären, dass ich ohnehin gerade beten würde und erstens nicht gestört werden wolle und ihn ja zweitens auch still und heimlich ins Gebet einschließen könne. Die Wahrheit war: Ich hatte einfach Schiss. Aber Gott wollte mich trotzdem gebrauchen. Wieder sagte er: »Bete für den Jungen um Heilung.« Na gut. Also ging ich langsam weiter. Plötzlich blieben sie stehen, um an der Brücke ein Foto von sich zu machen. Ich überwand mich also und schlug vor, ich könne sie aufnehmen, das sei doch einfacher als ein umständliches Selfie. Dankbar nahmen sie das Angebot an. Bei der Gelegenheit erkundigte ich mich auch, was denn das Problem des Jungen sei. Sie meinten: »Er hat eine seltene Krankheit, die mit dem Wachstum zusammenhängt. Er muss jetzt einige Zeit an Krücken laufen, damit er später wieder normal gehen kann.«

Ich antwortete: »Aha« – und verabschiedete mich. »Blöd gelaufen, Gott.« Ich wollte wirklich für ihn beten. Ich wusste, dass Gott zu mir gesprochen hatte. Hören ist einfach, Gehorsam jedoch manchmal ziemlich schwierig! Ich bat Gott daher um

Verzeihung für meinen massiven Anfall von Menschenfurcht und meinte: »Wenn du wirklich willst, dass ich für den jungen Burschen bete, dann gib mir eine weitere Gelegenheit.«

Weiter ging es über die Brücke, ich traf dort zufällig unsere Kamerafrau aus Berlin, redete kurz mit ihr und wechselte die Salzachseite. Und plötzlich – nein! Wieder die Familie. Gerade setzten sie sich auf die Parkbank. Jetzt entkam ich nicht mehr. Aber ich hatte eine Bedingung für Gott: *Ich* würde sie sicher nicht ansprechen! Wenn es wirklich sein Wille wäre, müssten sie *mich* ansprechen.

Als ich auf ihrer Höhe war, rief der Junge: »Ah, du bist wieder da!« Voilà. Jetzt konnte ich mich nicht mehr herauswinden. Dann also zur Sache. Mutig fragte ich: »Darf ich für dich beten?«

Er: »Ja, natürlich. So gerne!«

Also legte ich meine Hand auf sein Knie und betete im Namen Jesu um Heilung. Danach fragte ich, ob er etwas gespürt habe.

»Ja, eine Wärme! Ich bin mir sicher, dass etwas passiert ist!«

Die Mutter war den Tränen nahe und bedankte sich überschwänglichst, dass ein junges Mädchen auf der Straße auf die Idee gekommen war, für ihren Sohn zu beten. So ist Gott. Kreativ. Und immer ermutigend.

Deshalb: Mut zu Fehlern! Sie lassen dich wachsen. Erst durchs Hinfallen lernst du das Gehen. Die Stimme Gottes zu hören, zu unterscheiden und ihr zu folgen, lernst du, indem du es einfach tust. Deshalb: Let's go! Hab Spaß und genieß die Abenteuer, die folgen!

Pläne und Absichten

Es ist angebracht, hier noch ein paar Worte über Gottes Pläne für dein Leben zu verlieren. Denn eine Frage, die uns extrem oft gestellt wird, lautet: »Was ist Gottes Plan für mein Leben? Ich erkenne ihn nicht.« Daran zeigt sich ein grundsätzlich falsches Verständnis von Gottes Plänen.

An vielen Stellen in der Bibel spricht Gott davon, dass er gute Pläne mit uns hat (vgl. z.B. Jesaja 46,10). Und das ist natürlich völlig richtig. Man könnte allerdings – zum besseren Verständnis – eher von Gottes *Absichten* sprechen. Warum?

Die persönliche Freiheit des Menschen hat für Gott, wie bereits erwähnt, immense Bedeutung. Der Baum der Entscheidung zwischen Gut und Böse im Paradies steht heute immer noch vor jedem Menschen. Gott möchte unser ganzes Herz haben. Freiwillig. Ohne Zwang. Aus einer tiefen Entscheidung heraus. Der tiefer gehende Grund, warum er uns so umwirbt, heißt schlichtweg »Liebe«. Gott hat überhaupt kein Interesse an Marionetten, deren Fäden von einem »fernen Schicksal« gezogen werden. Er möchte, dass jeder Mensch ein Mitgestalter, ein Mitbauer in dieser Welt wird und Verantwortung übernimmt.

Und nun das Problem mit den Plänen: Viele Menschen stellen sich die Pläne Gottes wie einen Bahnhof mit Zügen vor. Wenn du »deinen Zug« nicht erkennst oder nicht zur richtigen Zeit am richtigen Gleis bist, fährt der »Plan deines Lebens« ab.

Dieser verhängnisvolle Gedankenschluss sitzt tief, ist aber grundsätzlich falsch. Wie viele Menschen verbringen Stunden, Tage, Wochen und gar nicht selten Jahre damit, Gott zu fragen, was denn der Plan für ihr Leben sei! Da ist zum Beispiel ein junger Mann in unserem Umfeld. Er ist überaus begabt, sympathisch und beliebt. Aber mit seinem Leben kommt er nicht in Schwung. Er hat zwei Berufsausbildungen abgeschlossen, arbeitete aber überall nur kurz, ändert ständig seine Ideen und sucht, beinahe schon verzweifelt, den »richtigen Zug« für sein Leben.

Gott hat gute, sehr gute Absichten mit jedem Menschen. Er hat kein Interesse daran, dass irgendein Leben scheitert. Auch dir hat er ganz spezielle Talente und Begabungen gegeben. Sie sind fantastische Hinweise darauf, welche Absicht Gott für dein Leben hat. Und dann kommt eine der gewaltigsten Fragen Gottes in dein Leben. Eine Frage der unendlichen Freiheit. Und diese lautet schlicht: »Was würdest du denn gerne tun?« Und dann lege los. Gott wird mit dir gehen. Seine Pläne haben weniger mit einem Bahnhof zu tun als vielmehr mit Tanzen. Du machst den ersten Schritt. Gott geht mit. Dann macht er einen Schritt und dann wieder du. So entfaltet ihr gemeinsam den Plan, den Traum für euer gemeinsames Leben. Das bedeutet Vertrauen und schlicht und einfach »Gottes Stimme hören«.

Seine Pläne haben weniger mit einem Bahnhof zu tun als vielmehr mit Tanzen.

Durchbruch

Gott hat nicht aufgehört, zu dir zu sprechen. Wenn du beginnst, seine Stimme im Alltag wahrzunehmen, bringt es deine Beziehung zu ihm auf ein neues Level. Du steigst ein in das Abenteuer »God at work«!

Jünger werden – darauf kommt es an

- Wie in jeder Liebesbeziehung möchte Gott mit dir kommunizieren.
- Gottes Wunsch, zu dir zu sprechen, ist noch viel größer als dein Wunsch, ihn zu hören.
- Gott hat eine individuelle Art, wie er zu dir spricht.
- Es gibt drei Stimmen in deinem Kopf: eine neutrale, die Stimme Gottes und die Stimme des Widersachers.
- Gott spricht, um dich in deiner Identität, Sendung und Autorität zu stärken.

KAPITEL 6

DIE KÖNIGSKÜR

Das vierte Fundament: Jesus als Herr und König

Warum wir alle Könige und Prinzessinnen sein wollen

Friseurtermin. Diesmal nur ein Routinebesuch, nichts Außergewöhnliches, nur die von der Sonne ausgetrockneten Haarspitzen sollten nach dem Sommer weg. Im Salon schienen an dem Vormittag eher die Mütter zum Zug zu kommen, deren Kinder aus dem Haus und Männer wohlbeschäftigt waren. Endlich Zeit für die persönliche Schönheitspflege. Während der Wartezeit wurde mir, Berna, eine ganze Reihe von Zeitschriften angeboten. Bedachtsam scannte ich durch die Magazine und wählte bewusst eine absolute Klatschzeitschrift aus. Denn dafür nahm ich mir sonst eigentlich nie Zeit. Celebritys, Stars, Pärchen, Love Storys, vermutete Scheidungen aufgrund von Seitensprüngen, angedeutete Babybäuche, Gerüchteküche rund um Sternchen und neue Liebhaber. Eigentlich alles eher hoffnungslose Romantik. In meiner besagten Ausgabe ging es um das englische Königshaus und die Liebesgeschichte des Prinzenpaares Harry und Meghan. Schön mehrseitig aufgemacht, mit netten Bildern und ein paar neuen Gerüchten. So konnte ich mich von einem durchschnittlichen Friseurladen in Salzburg direkt in die Welt der Royals beamen.

Irgendetwas scheint die Menschen an solchem Bild- und Lesestoff extrem anzuziehen. Zumindest weckten die vielversprechenden Schlagzeilen und Titelfotos so großes Interesse, dass so gut wie jede Frau beim Friseur die Liebesgeschichte eines noch nie getroffenen adligen Paares studierte. Irgendetwas an der Story zog auch mich in den Bann. Vermutlich versetzen wir uns einfach liebend gern in die Lage eines Prinzen oder einer Prinzessin oder eines gefeierten Stars, der die Augen Tausender Fans auf sich ruhen hat. Warum eigentlich?

Tief in uns drinnen wissen wir, dass wir für ein Königreich gemacht sind! Wir bestaunen Menschen, die über ein Reich regieren und würden manchmal gern mit ihnen tauschen. Wir wollen bewundert werden und über einen großen Einflussbereich verfügen. In unserem Inneren haben wir nämlich eine Ahnung von der unglaublichen Berufung, die Gott als unser Vater und König für uns bereithält.

Tief in uns drinnen wissen wir, dass wir für ein Königreich gemacht sind!

Bereits ganz am Anfang lesen wir in der Bibel in Genesis 1,26 (ELB): »Lasst uns Menschen machen in unserm Bild, uns ähnlich. Sie sollen *herrschen.*« Das ist das Erste, was Gott dem Menschen als Aufgabe zuspricht. Im letzten Buch der Bibel, in dem wir eine Ahnung davon bekommen, welchen atemberaubenden Ort Gott mit dem himmlischen Jerusalem bereithält, heißt es: »Und es wird keine Nacht mehr geben – man wird weder Lampen noch das Licht der Sonne brauchen, weil der Herr, Gott, über ihnen leuchten wird. Und sie werden für immer und ewig herrschen« (Offenbarung 22,5; NLB). Wir hören, dass das ein Teil unserer himmlischen Aufgabenbeschreibung sein wird.

Wenn wir das Wort »herrschen« hören, dann kommen in unserer Zeit auch sehr negative Bilder auf. In einer Umfrage vor ein paar Jahren hieß es, dass der momentan unbeliebteste Job in Österreich »Politiker« sei. Wir verbinden das Wort »herrschen« schnell mit negativen Eigenschaften, auch weil wir viele negative Vorbilder vor Augen haben. Von Gott her ist das nicht so gedacht. Wir sind bestimmt, eines Tages mit ihm zu herrschen.

Oft aber stecken wir jetzt noch fest im Schlamm der Sünde. Sie verzerrt alles und rückt es ins Bizarre. Wir verstehen Herrschaft im Sinne des Verfügens über andere Menschen und über Ressourcen, damit es *uns* selbst und *unserer* persönlichen Anerkennung diene. Ehe wir uns versehen, werden wir somit Gefangene unseres eigenen Egoismus und der Suche nach Liebe. Wie das Volk Gottes in der Gefangenschaft Ägyptens beginnen wir, uns wie Sklaven unseres Egos zu verhalten, ohne es zu bemerken.

Aber nicht nur Macht hat ihre Tücken. Genauso ist es mit dem Streben nach Besitz oder der endlosen Suche nach absolutem Glück in Beziehungen. Auch die Angst vor der Zukunft oder die Wenn-dann-Falle versklaven uns. Wir beginnen, die Erwartungen an uns selbst oder andere so hochzuschrauben, dass sie für uns langsam und unmerklich zu unerbittlichen Sklaventreibern werden.

Auch das Volk des Alten Testaments kannte diese Abgründe menschlichen Daseins. Durch die gesamte Geschichte hindurch erinnerte Gott es deshalb immer wieder an ein Versprechen, das er ihnen gemacht hatte: »Ich nehme euch mir zum Volk und werde euch Gott sein. Und ihr sollt wissen, dass ich der Herr bin, euer Gott, der euch aus dem Frondienst Ägyptens herausführt« (Exodus 6,7).

Gott will uns in unserer Identität festigen. Er träumt davon, mit uns in die absolute Freiheit zu tanzen. Er will, dass wir als seine Königskinder strahlen – und zwar im richtigen Verständnis von Herrschaft und Verantwortung. Nicht egoistische Motivation, sondern selbstlose Liebe und frei gewählte Hingabe sind der Schlüssel dafür.

Das Königreich Gottes

Während die Abendsonne ins Meer sinkt, spülen die Wellen sanft gegen die Felsen des Hafens von Rovinj. Auf den Straßen flanieren Tausende von braun gebrannten Touristen durch Urlaubsboutiquen. Es duftet nach feinstem gebratenen Fisch. Überall hört man ausgelassene Unterhaltungen und das Leben wird mit gut gefüllten Weingläsern genossen, während man sich über Banales und Tiefsinniges zugleich austauscht. Ein letztes Mal spiegelt sich der orange gefärbte Sonnenball in der kroatischen Adria, bevor er sich definitiv für die nächsten Stunden in den violetten Wogen versenkt.

Heute ist Rovinj ein kroatisches Touristenzentrum. Es gab aber eine Zeit, in der es Teil der österreichischen königlich-kaiserlichen Monarchie war. Die Einwohner sprachen Deutsch und verstanden sich als Österreicher. Nach dem zweiten Weltkrieg kam Istrien für kurze Zeit durch die Friedensverhandlungen von Saint-Germain zu Italien. Das Leben der Bewohner in dem Kleinstädtchen unterschied sich äußerlich wohl nicht wirklich von dem, wie es vorher war. Die Menschen wohnten in denselben Häusern, sie gingen auf denselben gepflasterten Straßen und kauften in denselben Läden ihr Brot wie vorher. Die Kinder spielten auf denselben Plätzen und die Fischer fischten mit denselben Netzen. Äußerlich veränderte sich auf den ersten Blick in den ersten Tagen wenig. Und doch gab es zugleich massive Umwälzungen. Die Amtssprache war nun plötzlich Italienisch. Die Kinder in den Schulen mussten sich nun auch diese Sprache aneignen. Die Pässe wurden geändert. Von nun an durften sich die Einwohner von Rovinj nicht mehr als Österreicher betrachten, sondern als Italiener. Die Gesetze wurden nicht mehr in Wien gemacht, sondern in Rom. Es galt auch nicht mehr die k.u.k.-Verfassung, sondern jene des faschistischen Italiens. Von einem Tag auf den anderen gab es einen

Herrschaftswechsel und die österreichische Flagge über Istrien wurde gegen die italienische ausgetauscht.

Was hat das mit dem Reich Gottes zu tun? Wenn wir uns für ein Leben mit Gott entscheiden, findet ein ganz ähnlicher Herrschaftswechsel statt. Wir wechseln vom Reich der Dunkelheit ins Reich des Lichts. Auch wenn sich auf den ersten Blick vielleicht nichts ändern mag, sind doch unsere Grundvoraussetzungen mit einem Mal ganz andere. Denn im Königreich Gottes gelten gewisse Gesetze und Rechtsvorschriften. Es gibt eine bestimmte Sprache und Kultur, die geprägt ist von gegenseitiger Ehre, Achtung und Wertschätzung. Die Wahrung und Betonung der Würde jedes Einzelnen ist ein unumstößlicher Wert. Wie jedes Reich gibt es auch hier einen Ort, wo die Gesetze gemacht werden. Das Parlament des Reiches Gottes ist der Thronsaal der Trinität. Die Legislative ist das leidenschaftliche Herz des Vaters. Die Grammatik des Gesetzes ist die Liebe. Die Exekutive ist der Heilige Geist. Die Judikative ist Christus, der Sohn Gottes, der uns zuerst geliebt hat und sein Leben für uns ließ.

Das Reich Gottes hat außerdem einen König, sein Name ist Christus. Natürlich ist es auf den ersten Blick nicht sichtbar, weil es nicht territorial beschränkt ist. Außerdem unterliegt es einer »Schon jetzt und noch nicht«-Spannung. Es ist bereits angebrochen, obwohl die Fülle noch nicht zu sehen ist. Es ist dort, wo Jesus regiert und wir ihm die Erlaubnis dazu geben. Das Paradigma des Reiches Gottes ist immer die Freiheit. Wenn wir ihm unser Leben schenken, sterben wir dem Leben in Sünde und entscheiden uns dafür, Teil seines Reiches zu sein. Indem er unser König wird, erlauben wir, dass die Flagge der Sünde ausgetauscht wird mit der Flagge eines geschlachteten Lammes, das für unsere Sünden gestorben ist. Äußerlich

Das Paradigma des Reiches Gottes ist immer die Freiheit.

hat sich an dem Tag, an dem du bewusst diesen Akt vollzogen hast, vielleicht nichts verändert (bis auf einen womöglich fetten Grinser auf deinem Gesicht, der die Menschen um dich herum etwas irritierte). Aber innerlich weißt du, dass eine neue Fahne in deinem Leben weht, auf der »Freiheit« statt »Sklave« steht.

Die Identität Gottes und unsere Antwort darauf

Hast du dich schon mal gefragt, worin eigentlich der Grund und das Ziel unseres Daseins besteht? Ich habe das schon sehr oft getan. Auch im Katechismus der katholischen Kirche wird ganz am Anfang die Frage nach dem Ziel des menschlichen Lebens gestellt. Sehr kompakt lautet die Antwort darauf: Gott *»zu suchen, ihn zu erkennen und ihn mit all seinen Kräften zu lieben«* (KKK 1).

Um Gott zu lieben, müssen wir ihn zuerst suchen und erkennen. Je tiefer wir ihn kennenlernen, umso mehr sind wir von seiner absoluten Liebe und Schönheit in Bann gezogen. In einem Wirbelsturm von Faszination und versprühender Freude können wir nicht anders, als uns ihm immer mehr hinzugeben. Wir treffen auf die tiefste Sehnsucht im Herzen Gottes, nämlich darauf, uns absolut glücklich zu machen und zum Punkt unserer Bestimmung zu führen.

Was ist eigentlich die angemessene menschliche Reaktion, wenn wir erkennen, wer Gott ist? Die Antwort vertraut Gott uns in Deuteronomium 6,4-5 an. Hier heißt es: »Höre Israel, der HERR, unser Gott, ist einzig. Darum sollst du den Herrn, deinen Gott, lieben mit ganzem Herzen, mit ganzer Seele und mit ganzer Kraft.« Wenn wir erkennen, dass er unser Herr ist, dass er allein Gott ist, dann tun wir das, was man in Gegenwart eines Gottes tut. Ihn anbeten. Im Lateinischen wird dafür der

Ausdruck »adoratio« verwendet, was ganz wörtlich genommen »zum Mund« (ad ora) bedeutet. Wie nennt man eine Bewegung zum Mund sonst noch? Richtig – einen Kuss. Wir küssen Gott. Wir verehren ihn, wir beten ihn an und lieben ihn.

Ein Israelit hatte diese Worte aus Deuteronomium immer vor Augen. Und nicht nur vor Augen. Das jüdische Volk grub dieses Gebot so tief ins Herz und in den Alltag ein, dass sie Kästchen an ihren Türpfosten, auf ihren Armen und ihrer Stirn anbrachten, die sie immer an diese Worte erinnern sollten.

Sie wussten, dass Gott ihr Herr und König war und die einzig angemessene Antwort auf die Erkenntnis seines Wesens liebende Hingabe war. Sie ehrten seine naturgegebene Souveränität, seine Unnahbarkeit und Heiligkeit. Auf der einen Seite blieb der Gott des Universums den Menschen geheimnisvoll entzogen, auf der anderen wohnte er mitten unter seinen Leuten in einem eigenen Haus, das sie ihm gebaut hatten.

Die Stiftshütte und auch der spätere salomonische Tempel waren in mehrere Bereiche unterteilt: Es gab den äußeren und inneren Vorhof, das Heiligste und schließlich den Raum des Allerheiligsten, der durch einen Vorhang abgetrennt war und ausschließlich einmal im Jahr vom amtierenden Hohepriester betreten werden durfte. Man war sich der intensivierten Gegenwart Gottes so bewusst, dass man dem Hohepriester einen Strick an den Fuß band für den Fall, dass er aufgrund der überwältigenden Präsenz eines absolut heiligen Gottes ohnmächtig werden oder gar tot umfallen würde. Da es sonst niemandem gestattet war, den Raum zu betreten, konnte man ihn auf diese Weise herausziehen. So ernst nahmen die Juden der damaligen Zeit den Dienst im Gotteszelt. Einmal im Jahr sprach der Hohepriester den absolut heiligen Namen Gottes aus. Die Ehrfurcht, mit der er dies tat, zeugte von der Anerkennung seiner absoluten Souveränität und Autorität.

Das Volk wusste, dass Gott der eigentliche König und Gesetzgeber war. Dennoch bedauerten sie, dass sie keinen irdischen Herrscher besaßen und forderten einen eigenen menschlichen König. Welches katastrophale Desaster die Könige über das geliebte Volk des Herrn schließlich brachten, sollte sich erst im Laufe der Geschichte herausstellen. Verheerende Verluste durch Kriege, Zerstörung, Verschleppung sollten die Konsequenzen sein. Wir sehen daran: Wer Gott nicht auf den Thron seines Herzens setzt, setzt sich selbst darauf. Die fatalen Folgen erleben wir oft genug in unserem eigenen Leben.

Die Schule des Meisters

Stell dir vor, eine der berühmtesten Personen der Geschichte würde von den Toten zurückkehren und für kurze Zeit auf der Erde zu Gast sein. Julius Cäsar zum Beispiel, der große, unbesiegbare römische Kaiser, den wir alle aus den Asterix-&-Obelix-Comics kennen und nach dem jede zweite Katze benannt ist. Er würde seinen vierwöchigen Besuch in deinem Land ankündigen. Sofort würden riesige Veranstaltungen in großen Fußballstadien und Messezentren geplant. Es würde alle Prominenz zusammengetrommelt und eingeladen werden. Die höchsten Politiker würden ihm die Hände schütteln und hätten kurze Privataudienzen. Historiker würden aus allen Teilen der Welt anreisen, um diese geschichtsprägende Persönlichkeit zu interviewen und live zu erleben. Zeitungen und Fernsehshows rund um den Globus würden im Live-Ticker wohl jedes einzelne Wort der Weltöffentlichkeit zugänglich machen. Der große Kaiser des ehemaligen römischen Weltreiches hätte wohl keine einzige ruhige Minute, weil er so eine Attraktion wäre und so viel antikes Wissen mitbrächte.

Stell dir jetzt aber vor, es käme nicht nur eine berühmte historische Persönlichkeit auf die Erde, sondern der Urheber des

Lebens selbst. Der Gott des Universums beschließt, sich auf den kleinsten Punkt des Galaxiennebels zu begeben, nämlich auf den Planeten Erde. 33 Jahre plant er ein, um Zeit mit seinen Leuten zu verbringen. Kommt dir irgendwie bekannt vor? Genau das hat Gott getan!

Wenn wir eine Analyse der Lebenszeit Jesu als Gott auf Erden machen, dann schaut diese ziemlich erstaunlich aus: Dreißig Jahre »verschwendete« er mit einem recht verborgenen Leben in einem kleinen völlig unbedeutenden Dörflein namens »Nazareth«. Er ging seinen alltäglichen Aufgaben als Zimmermann nach und hatte sicher viele ähnliche Probleme wie wir heute. Vermutlich ärgerte er sich auch über Mückenstiche oder fragte sich, was es am Abend zum Essen gäbe. Vor allem verbrachte er wohl viel Zeit mit seinem Papa im Himmel. Oft stand er nachts auf, ging auf einen Berg und genoss die Umarmung mit dem Gott des Universums. In seinem Herzen kultivierte er einen inneren Garten, in dem er wie Adam jeden Abend mit Gott spazieren ging. Er schüttete seinem geliebten Vater sein Herz aus und erzählte ihm alles, was er erlebte, was ihn bedrückte und auch, was ihm unheimliche Freude machte.

Mit ungefähr dreißig Jahren ließ er sich von Johannes taufen und sein Vater bestätigte ihn öffentlich in seiner Identität als geliebter Sohn. Daraus flossen seine Sendung und sein Dienst. Drei Jahre leitete er eine Jüngerschaftsschule mit zwölf ausgewählten jungen Männern, die alle aus recht einfachen Verhältnissen stammten. Sie hatten überwiegend keine wirklich solide religiöse Bildung und viele waren als Fischer einfach im familieneigenen Unternehmen tätig.

Ihnen teilte er nicht nur seine ganze Weisheit mit, sondern verbrachte Stunden, Tage und Nächte damit, sie in die Prinzipien des Reiches Gottes einzuführen. Sein ganzes Herzblut gehörte ihnen. Er war ihr Rabbi, ihr Lehrer, ihr Meister, derer es viele gab im Judentum. Aber etwas war anders. Normalerweise wählte ein Schüler seinen Meister. Hier war es umgekehrt: Der Meister wählte seine Schüler – auch Jünger genannt. Er rief sie beim Namen und sagte ihnen: »Andreas, Petrus, Johannes: Kommt und folgt mir nach! Ich will euch.« Sein Lehrstil war sehr anschaulich und von unzähligen Beispielen geprägt. Es war wirklich »learning by doing«. Zudem forderte Jesus nichts von seinen Jüngern, was er nicht selber lebte und vorzeigte.

Er, der Gott war, der die antiken Stadien der damals bekannten Welt hätte füllen können, um Tausende und Abertausende von Menschen mit der einen Botschaft zu erreichen, die Gott für die Menschheit hatte, entschied sich dafür, drei Jahre vor allem an zwölf Männer zu »verschwenden«. Diese sollten die antike Welt umkrempeln und das Reich Gottes etablieren. Was für ein gewagtes Unternehmen!

> **Er, der Gott war, der die antiken Stadien der damals bekannten Welt hätte füllen können, entschied sich dafür, drei Jahre vor allem an zwölf Männer zu »verschwenden«.**

Ganz banal und plakativ gesagt: Im Vergleich dazu dauerte das Erlösungsgeschehen im engeren Sinne nur drei Tage. Dafür war der Sohn Gottes auf die Erde gekommen: um die Menschen vom Fluch der Sünde zu erlösen, der einen schier unüberbrückbaren Abgrund zwischen Gott und den Menschen geschaffen hatte. Das Kreuz Jesu ist nun zu einer Brücke geworden, zum Tor des Himmels, durch das uns Jesus hineinliebt in die Realität seines Reiches.

Das Leben Jesu war ein gewagtes Statement. Zum einen revolutionierte er das Bild, das die Menschen von Gott hatten, indem er zu dem absolut unnahbaren heiligen Gott plötzlich »Abba«, »Papa«, sagte. Zum anderen zeigte er: Das Wichtigste ist die persönliche Zeit der Intimität mit Gott. Jesus verwendete 30 Jahre dafür, um in der Unaufgeregtheit des Alltags sein Herz dem Vater unterzuordnen. Drei Jahre dauerte dann sein

Dienst: Heilungsabende, Lehreinheiten, kleinere Konferenzen und viel Anecken bei der kirchlichen Obrigkeit durch seine radikale Sorge um die Armen und Hoffnungslosen.

Weil er diesen Lebensstil der Selbsthingabe an den Vater lebte, konnte er zum ungeahnten psychischen, körperlichen und emotionalen Schmerz der Erlösung »Ja« sagen. Er ordnete sich dem Willen seines Vaters völlig unter, weil er wusste, dass der Weg des Leidens ein Weg der größten Liebe sein würde. Auch wenn er ihn alles kosten würde. Bis zum letzten Tropfen seines eigenen Blutes. Aber der Gewinn würde unbezahlbar sein: die vollkommene Wiederherstellung und tiefste, innigste Gemeinschaft mit den Menschen, die er über alles liebte.

Das Herzstück der Nachfolge

Als Jünger müssen wir uns Gott unterordnen. Oft haben wir Angst, weil wir glauben, Gott meint es nicht wirklich gut mit uns. Deshalb ist es besonders wichtig, an unserem Gottesbild zu arbeiten und es richtigzustellen. Der beste Ort dafür ist die geheime Zeit mit unserem Vater im Himmel. Das beste Setting, um Nachfolge zu lernen, ist außerdem im Kontext von Gemeinschaft.

Jesus sammelte sehr bewusst seine Jünger und formte ihr Herz, ihr Denken und ihren Charakter im Gemeinschaftsleben. Vielleicht kennst du den Gedanken: »Wenn die anderen nicht wären, wäre ich schon längst heilig.« Lass dich nicht entmutigen: Das größte Problem eines Jüngers zur Zeit Jesu waren wohl die elf anderen. Ein Beispiel lesen wir in Lukas 9,28-36. Jesus nimmt drei Jünger mit auf den Berg: Petrus, Jakobus und Johannes. Die anderen müssen sich in der Zwischenzeit mit einigen Dämonen herumärgern, die nicht gehen wollen. Die drei im Separee haben vermutlich die bis dahin eindrucksvollste Erfahrung ihrer bisherigen Jüngerschaftsschule. Denn sie sehen, wie Jesus zu strahlen beginnt und völlig verklärt wird. Zudem hören sie die donnernde Stimme des Vaters, der Jesus bestätigt, und Mose und Elia, die großen Propheten des Alten Bundes, erscheinen. Als sie sich von diesem Erlebnis erholt haben, vertraut ihnen Jesus ein Geheimnis seiner Zukunft an. Da heißt es: »Sie sprachen darüber, wie er bald in Jerusalem sterben würde, um damit seinen Auftrag zu erfüllen« (Lukas 9,31; NLB). Er sagt ihnen auch, dass sie niemandem davon erzählen dürfen.

Stell dir vor, wie sie himmelhochjauchzend und selber halb verklärt vom Berg runterkommen und die anderen treffen. Diese wollen sicherlich wissen: »Und, was habt ihr auf dem Berg gemacht?« – Die drei: »Wir dürfen nichts sagen. Aber es war phänomenal.« (An dieser Stelle werden die Augen noch leuchtender und größer.) Ja, da kann man sich schon ärgern über die Mitkollegen in der Jüngerschaft. Noch dazu, weil Jesus ihnen dann mit den Dämonen helfen muss, die sie schon seit geraumer Zeit auszutreiben versuchen. So viel zum Helden-Dasein. Manchmal wird man ganz schon herausgefordert.

Willkommen auf dem Übungsfeld der Heiligkeit, das gibt es gratis in jeder Gemeinschaft! ☺ Gemeinschaft ist anstrengend. Aber sie formt uns und fordert uns zur Heiligkeit im Alltag heraus.

Dazu gehört auch die Charakterbildung. Wir sind aufgefordert, uns einer Transformation unseres Charakters zu unterziehen. Das ist meistens sehr mühsam. Wir haben es uns in vielem bequem gemacht und es braucht sehr viel Einsatz, damit wir bestimmte Gewohnheiten ändern.

Wenn du beispielsweise die Charaktereigenschaft hast, immer unpünktlich zu sein – ich kenne das übrigens sehr gut –, dann kann dir ein Dreischritt helfen. Erstens: Finde eine gute Motivation, warum du dich in diesem Punkt verändern möchtest. Am besten ist es, wenn du eine intrinsische Motivation findest. Für den Anfang hilft eine extrinsische Motivation auch (zum Beispiel eine Art Belohnung, aber das geht meistens nur eine kurze Zeit lang gut. Dann musst du eine tiefere, dir am Herzen liegende Motivation finden). Suche also eine gute Begründung dafür. Zum Beispiel: Ich möchte pünktlich sein und damit die anderen ehren. Zweitens: Triff eine Entscheidung und zieh sie durch. Da musst du deinen Willen stärken und dich manchmal selbst überlisten, weil dein Kopf dir sicher viele Argumente vorschlagen wird, warum du es so machen solltest wie bisher. Drittens: Mach es zu einer Gewohnheit. Dabei hilft dir eine Liste, wo du ankreuzt, wie oft du es geschafft hast. Versuch es mindestens 30 Tage lang durchzuziehen. Die Psychologie sagt, wenn du eine Sache mindestens 30 Tage lang hintereinander machst, merkt sich das Gehirn das und es geht in eine Gewohnheit über. Dazu braucht es aber auch viel Durchhaltevermögen. Dann aber, wenn es zur Gewohnheit geworden ist und du automatisch immer fünf Minuten früher da bist, wird es zu einem Charakterzug. Es wird Teil deines Verhaltens, das sich aus deinem Wesen und deinen Werten konstituiert.

Das größte und wichtigste Tool, das Jesus einsetzte, um seinen Jüngern die Denkweise des Königreiches zu lehren, war seine Vorbildwirkung. Oft beobachteten die Jünger, wie Jesus mit seinem Vater sprach. Völlig fasziniert von diesem Geschehen baten sie ihn, als er von einem Date mit seinem Vater zurückkam: »Herr, lehre uns beten« (vgl. Lukas 11,1). Und Jesus lehrte sie: Wenn ihr betet, dann betet so: Unser Papa im Himmel, dein Name werde geehrt, dein Reich soll kommen, wie im Himmel so auf der Erde (vgl. Lukas 11,2). Und so weiter. Bei jedem Wort, das er sagte, spürte man die tiefe Liebe, die alles durchdrang. Seine Jünger waren so beeindruckt von seinem Lebensstil und der tiefen Beziehung, die er zu seinem Vater hatte, dass sie so werden wollten wie er.

Sie wollten sein wie Jesus und tun, was er tat. Das ist der Kern von Jüngerschaft. Ein Jünger lernt von seinem Meister, er folgt ihm, hört auf ihn, lernt von ihm und tut, was er ihm sagt.

Die Art der Beziehung macht den Unterschied

Um zu begreifen, was es heißt, Jesus aus ganzem Herzen nachzufolgen, müssen wir eine Unterscheidung treffen. Diese betrifft die verschiedenen Ebenen der Kenntnis Jesu:

- ***Historische Kenntnis***

  Die historische Kenntnis ist die erste Stufe, auf der wir Jesus kennen können. Hier geht es hauptsächlich um *Wissen* über sein Leben. Es liegen so viele Manuskripte über das Leben und Sterben Jesu vor, dass ein Historiker heutzutage die Existenz Jesu kaum zu leugnen wagt. Genauigkeit, Authentizität und Vollständigkeit sowie die zeitliche Nähe der Handschriften über sein Leben, Sterben und Wirken sind ein sehr starker Nachweis für die Existenz von Jesus von Nazareth. Aber nicht nur biblische Zeugnisse liegen vor, sondern auch außerbiblische Quellen wie der Geschichtsschreiber Flavius Josephus sprechen von seinem Wirken. Viele Menschen glauben daher, dass Jesus vor circa 2000 Jahren im Nahen Osten gelebt haben muss. Allerdings sehen ihn viele einfach nur als guten Menschen oder inspirierende Persönlichkeit und erkennen seinen Anspruch als wahrer Gott und wahrer Mensch nicht an.

- ***Freundschaftliche Ebene***

  Eine viel nähere Kenntnis beginnt mit dem Augenblick, in dem wir Jesus bewusst als lebendigen Gott und persönlichen Erlöser erfahren. Oft ist das verbunden mit der Entscheidung, dass er Teil unseres Lebens wird. Wir beginnen, ihn in unsere Welt einzuladen. Die Freundschaft mit Gott ist ein unglaubliches Privileg, das uns in sonst keiner anderen Religion begegnet. Der Schwerpunkt der Beziehung liegt allerdings auf unserer Seite, das bedeutet, dass unsere eigene Perspektive die stärkere Betonung hat. Themen wie: »Ich weiß mich von ihm geliebt« oder »Ich empfange etwas« stehen stark im Vordergrund. Wir wissen, dass wir von dieser Beziehung mit Jesus extrem stark profitieren. Es ist eine wunderbare Sache, Jesus als Freund zu haben. Nicht alle Christen kennen Jesus auf dieser Ebene. Wer in einer Freundschaft mit Jesus lebt, der erfährt ein neues Level an Lebensqualität. Aber es gibt noch eine weitere Stufe in der innigen Beziehung, die wir zu unserem Gott haben können.

- ***Jesus als Herr***

Jesus ist mehr als einfach nur ein guter Freund. Er will auch unser Herr und König sein. Das verlangt ein sehr hohes Maß an Kenntnis seiner Person und seines Charakters, sonst gerät man schnell in die Falle zu glauben, er wäre ein machtgieriger Sklaventreiber. Gott ist die Liebe selbst, die sich für uns hingibt. Im höchsten Akt seiner Hingabe verliert er aber nicht seine außergewöhnliche Stellung als König des Universums. Seine Identität verdichtet sich sogar im tiefsten Akt seiner Entäußerung. Indem wir anerkennen, dass er nicht nur der Herr über die Schöpfung, sondern auch über unser eigenes Leben ist, bringen wir Dinge in die richtige und ursprüngliche Ordnung. Gott lässt uns die völlige Freiheit, aber nichts feiert er mehr, als wenn wir seine Identität als liebender König und unsere Identität als seine geliebten Söhne und Töchter entdecken. Das Wissen darum erfordert dann auch das Handeln danach. Nur wenige Menschen wählen Jesus bewusst als ihren

Herrn und König und ordnen ihm ihr Leben unter. Die Denkweise ist hier nicht mehr egozentrisch, sondern selbstlos und auf das »Du« gerichtet. Wir wählen Christus zum Herrn über das eigene Leben und lernen, uns ihm völlig hinzugeben, weil er nicht aufhört, sich uns auszuliefern.

Das ist gemeint, wenn Jesus von sich als »Bräutigam« und von seiner geliebten Kirche als »Braut« spricht. Als solcher gibt er sich seiner Geliebten (also jedem Einzelnen von uns) völlig hin. Er stirbt in der liebenden Fürsorge für seine Braut in die absolute Hingabe hinein, ohne seine Rolle als ihr König zu verlieren.

Hier ist ein Überblick, der uns noch einmal die Idee der unterschiedlichen Beziehungsebenen vor Augen führt:

EBENE	FREUND	HERR
Beziehung	»Jesus liebt mich.«	»Ich liebe ihn.«
Motivation	Ich empfange ihn.	Ich diene – aus Freiheit und Freude.
Weltsicht	Ich lade Jesus in meine Welt ein.	Ich bin Teil seines Reiches.
Verhalten	Ich halte Regeln aus Pflichtgefühl ein.	Mein Wille soll mit seinem übereinstimmen.
Charakter	Ich bereue und kehre um.	Mein Charakter verändert sich und wird transformiert.
Glaubenshaltung	Ich glaube.	Ich gebe mich hin.

Es ist auf keinen Fall schlecht, Jesus als Freund zu haben. Wer in einer solchen Beziehung mit ihm lebt, wird gerettet. Aber wer ernsthafter in die Nachfolge Jesu tritt, der begreift immer mehr, was er getan hat. Der eigene Charakter gleicht sich der Denk- und Handlungsweise Jesu an. Diese Transformation führt unweigerlich dazu, ihm das eigene Leben völlig anzuvertrauen – und zwar im Wissen, dass sein Plan immer besser ist als der eigene. Wer Gott vertraut, der kann nicht anders, als ihm alles zu überlassen.

Transformation des Denkens

Was wir als Menschen brauchen, ist nicht einfach nur ein verbessertes, sondern ein radikal transformiertes Leben. Wer sich real auf den lebendigen Gott einlässt, der macht die Erfahrung seines Versprechens: »Ich bin gekommen, damit sie das Leben haben und es in Fülle haben« (Johannes 10,10b).

Dieses Leben in Fülle ist nicht einfach nur ein Upgrade, sondern eine völlige Verwandlung – so wie sich eine Raupe in einen Schmetterling verwandelt und als ein ganz neues Wesen wahrgenommen wird. Wenn wir den Weg mit Jesus gehen, befreit er uns nicht nur von negativen Anhaftungen, sondern setzt uns für Größeres frei.

Oft haben wir den Eindruck, unser Leben sei voller Probleme und Scherben. Meist sind diese aber auch hausgemacht. Wir sind das Resultat der Entscheidungen, die wir treffen. Die Frage dabei ist:

- Wer ist dein Meister? Gott oder das Geld?
- Was ist deine Mission? Ihn bekannt zu machen oder dich zu promoten?
- Wer ist dein Partner? Gott oder der Widersacher?

Wie kannst du nun aber heraustreten aus dem Reich der Sünde und eintreten in das Königreich, in dem Jesus der Herr ist? Die Antwort finden wir in Römer 6,4: »Denn durch die Taufe sind wir mit Christus gestorben und begraben; und genauso wie Christus durch die herrliche Macht des Vaters von den Toten auferstanden ist, so können wir auch jetzt ein neues Leben führen« (ELB).

Indem wir in Christus hineinsterben, stehen wir in der Kraft seiner Auferstehung zu einem neuen Leben auf.

Indem wir in Christus hineinsterben, stehen wir in der Kraft seiner Auferstehung zu einem neuen Leben auf. Sein Geist beginnt in uns zu atmen. Sein heilendes Blut beginnt in unseren Adern zu fließen, so als hätten wir eine Bluttransfusion hinter uns gebracht. Seine Kraft durchströmt unseren Körper. Sein Leben ist der Herzschlag unserer Seele.

Wenn wir ihn als die Quelle alles Guten begreifen, so lassen wir uns immer mehr verändern, bis wir so denken und handeln wie er. Reale Authentizität beginnt erst mit der Nachfolge Jesu: Transformation in die Person, als die wir von Ewigkeit her von Gott gedacht sind.

Wie funktioniert das? Indem du deine Gedanken kontrollieren lernst. Dazu musst du sie zuerst beobachten und dann negative, destruktive Gedanken zurückweisen. Den positiven Gedanken und der Stimme des Heiligen Geistes darfst du mutig folgen. Achte auch darauf, womit du dich beschäftigst und was du in dich hineinlässt. Wenn du dir zum Beispiel tagtäglich Pornos reinziehst, wirst du mit sehr großer Sicherheit ein falsches Bild von Frauen und Sexualität bekommen. Wenn du stattdessen die Bibel liest und die Wahrheit Gottes über ihn, über dich selbst und über andere in dein Herz aufnimmst, wird sich dein Denken immer mehr in die Denkweise Gottes transformieren. Du beginnst dann zu denken, was er denkt. Und zu tun, was er tut.

Netze fallen lassen

Ein klärendes Bild für die Herrschaft Gottes in unserem Leben ist das von den niedergelegten Netzen.

Jesu erste Jünger waren Fischer. Als er sie berief, ließen sie sofort die Netze fallen und folgten Jesus nach (Markus 1,16-20). Das ist ein sehr starkes Zeichen. Mit dem Niederlegen der Netze gaben sie nämlich wesentliche Rechte ab. Zum einen das Recht auf regelmäßige Versorgung. Wovon sollte ein Fischer ohne Netze leben? Zum anderen das Recht auf Ansehen. Das Fischersein war Teil ihrer Identität. Und schließlich das Recht auf Zukunft. Mit so einem Fischerei-Business konnten sie gut für ihre Familien sorgen. Und im Alter würden ihre Kinder das Geschäft weiterführen.

Die Jünger legten also ihre Netze und Rechte nieder und folgten Jesus nach. Das ist ein wesentlicher Teil und der Kern von Jüngerschaft.

Auch unsere Studenten und wir als Mitarbeiter legen immer wieder unsere scheinbaren Rechte nieder. Der eine sein »Recht« auf finanzielle Versorgung, ein anderer sein »Recht« auf einen Ehepartner und wieder ein anderer vielleicht sein »Recht« auf Anerkennung usw.

Wir Menschen neigen dazu, in dem Moment, wo wir unsere Netze niederlegen, mit der anderen Hand hinter uns sofort wieder ein neues oder altes kleines Sicherheitsnetz zu ergreifen.

Gelingt das zu hundert Prozent? Leider nicht. Wir Menschen neigen dazu, in dem Moment, wo wir unsere Netze niederlegen, mit der anderen Hand hinter uns sofort wieder ein neues oder altes kleines Sicherheitsnetz zu ergreifen oder gleich das eben niedergelegte Netz wieder aufzuheben.

Oft werde ich, Patrick, gefragt, wie ich in zwei verschiedenen Welten derart intensiv leben könne. Damit ist einerseits meine Welt als Unternehmer, der sich scheinbar vieles leisten kann und in der halben Stadt geschätzt und bewundert wird, gemeint und andererseits meine Arbeit im Reich Gottes mit Leitungsverantwortung, vielen Vorträgen bis hin zur Essensausgabe in der Suppenküche für Obdachlose.

Die Antwort ist schwierig und gleichzeitig ganz einfach. Es geht auch hier um das Netzefallenlassen und das Niederlegen von Rechten. Heute weiß ich mehr denn je, wie fragil Ansehen und wirtschaftlicher Erfolg sind, wie schnell sich ein Blatt wenden kann, wie rasch falsche Entscheidungen, drehende Märkte, Krankheit oder die Sinnfrage ein Unternehmen in Bedrängnis bringen können. Auch weiß ich, wie fordernd die Leitung eines Movements ist. Wie zerbrechlich die unzähligen Prozesse sind, die jeden Tag parallel laufen. Mir ist die Verantwortung den Hunderten jungen Erwachsenen gegenüber bewusst, die sich unserer Leitung anvertrauen. Ich kenne die manchmal schwierigen Familiensituationen, das Temperament der nächsten Generation und die unglaublichen Begabungen, die es zu entdecken und zu fördern gilt.

So bin auch ich gefordert, meine Netze fallen zu lassen. Nicht um mich klein zu machen, sondern um Gott groß zu machen. Gelingt das immer? Nein. Es ist vielmehr ein Prozess, mit dem Gott mich in die Freiheit führen will. In die Freiheit, nach der ich mich in Wirklichkeit schon mein ganzes Leben lang sehne. In die Freiheit, nichts leisten zu müssen und trotzdem vom Vater geliebt zu sein. Meine Talente und Begabung verschwenderisch einzusetzen mit dem vollen Risiko, jeden Tag scheitern zu können. Das ist Lordship. Das meint es, Jesus als Herrn zu haben.

Dieser Prozess dauert das ganze Leben an. Mit jedem Niederlegen eines Rechtes komme ich in größere Freiheit. Auch wenn schon das nächste Netz in meiner Hand liegt. Ein toller Prozess. Manchmal unter Tränen. Oft in großem Vertrauen und großer Geborgenheit. Aber das Schöne ist: Gott hat immer noch etwas Größeres vorbereitet. Wenn wir das Kleine nicht aus der Hand geben, haben wir die Hände nicht frei für das, wovon wir eigentlich träumen. Freiheit ist die Folge. Wer versteht, was es heißt, dass Jesus in unserem Leben regiert, der hat schon gewonnen.

Rechte niederlegen

Wenn du den Wunsch hegst, in eine von deiner Seite gesehen exklusivere Beziehung mit Gott zu treten und ihn als deinen Versorger noch besser kennenzulernen, dann stellst du dir vielleicht die Frage, wie denn das geht. Zugegeben, die Prinzipien des Königreiches Gottes sind nach unseren Maßstäben »upside down«, also verkehrt herum. Das gilt auch hier. Die Antwort darauf, Jesus als Herrn anzuerkennen, heißt: Hingabe. Mit anderen Worten: Unsere selbst genommenen scheinbaren Rechte aufzugeben und ihm die Erlaubnis zu gewähren, über unser Leben zu regieren.

Warum will er, dass wir unsere Rechte aufgeben? Weil das der einzige wirkliche Weg ist, ihm unsere Liebe zu zeigen. Es macht seinem Herzen Freude, wenn wir um seinetwegen etwas aufgeben, weil er uns wichtiger ist als die Sache, die wir verfolgen. Wenn wir unsere Rechte niederlegen, erkennen wir ihn in seiner Gottheit an und ordnen uns ihm in voller Freiheit unter.

Ein anderer Grund ist: weil Gott uns etwas viel Größeres schenken möchte. Manchmal sind wir wie ein kleines Kind, das krampfhaft seinen Teddybären festhält, während sein Papa es bittet, ihm den Teddybären zu geben. Es hat Angst, sein Spielzeug zu verlieren und fragt sich vielleicht auch, warum der Vater das überhaupt will. Doch der Vater wartet nur auf den Augenblick, in dem es mit schwerem Herzen den kleinen Teddybären loslässt und die Hände frei hat. Dann holt er mit breitem Grinsen einen dreimal so großen Teddybären hervor, der der tiefsten Sehnsucht des Kinderherzens viel mehr entspricht als der kleinere.

Das ist vielleicht eine sehr vereinfachte Illustration, aber sie hilft uns, eine Königreich-Regel besser zu verstehen: Gib etwas um der Liebe willen auf und du bekommst etwas von größerem Wert. Wenn du dein Recht aufgibst, erhältst du größere Privilegien von Gott.

Jesus ist der, der völlig rechtlos war. Es gibt kein Recht, das Jesus nicht niedergelegt hätte. Zum Beispiel das Recht, Gott zu sein. Oder das Recht auf seine Allmacht. Wir können uns nicht einmal vorstellen, was es für einen allmächtigen und ewigen Gott bedeutet hat, als Mensch auf die Erde zu kommen. Das wäre für uns in der Relation etwa so, als würden wir eine Ameise – und zwar unwiderruflich!

Jesus als wahrer Mensch gab alles auf: das Recht auf eine normale Geburt. Wir vergolden sie im Nachhinein mit Sternchenregen und Lebkuchenduft, aber es war sicher sehr ungemütlich im Stall von Bethlehem. Kuhmist war wohl eher die Geruchskulisse als Weihrauch. Und Jesus gab im Laufe seines Lebens noch mehr auf. Er gab das Recht auf Sicherheit auf. Er gab das Recht auf sein Zuhause auf. Seine Familie musste seinetwegen nach Ägypten fliehen. Er gab das Recht auf Ehe auf. Er gab das Recht auf ein Zuhause auf: Er hatte keinen Ort, wo er sein Haupt hinlegen konnte (vgl. Matthäus 8,20).

Er gab sein Recht auf Geld auf: Einmal musste er sich sogar eine Münze borgen, damit er seine Predigt besser illustrieren konnte. Er gab das Recht auf einen guten Ruf auf – er war ein unrechtmäßiges Kind in den Augen der Welt. Er, der Sohn Gottes, wurde von den religiösen Experten seiner Zeit verworfen als Lügner, Betrüger und einer, der mit den Dämonen spielt.

Aber mehr noch: Jesus gab das Recht auf sein Leben auf. Er ging barfuß nach Golgota – wie ein Sklave. Er gab das Recht auf, eines normalen Todes zu sterben. Er starb auf die grausamste Art, die die antike Welt zur Verfügung hatte: am Kreuz. Weiter noch: Er wurde in einem geborgten Grab begraben. Und er gab das Recht auf, sogleich in die Arme des Vaters zu fallen: Er stieg hinab in die Unterwelt. Und er wurde Brot. Und wird es immer noch. Er gab das Recht auf, signifikant und auffallend zu sein. Sogar nach seinem Tod und seiner glorreichen Auferstehung.

Der unbezahlbare Gewinn

Es gibt einen sehr alten Hymnus, der im Philipperbrief zu finden ist. Er beschreibt im Innersten die Haltung Jesu:

Seid untereinander so gesinnt, wie es dem Leben in Christus Jesus entspricht:
Er war Gott gleich, hielt aber nicht daran fest, wie Gott zu sein, sondern er entäußerte sich und wurde wie ein Sklave und den Menschen gleich. Sein Leben war das eines Menschen; er erniedrigte sich und war gehorsam bis zum Tod, bis zum Tod am Kreuz.
Darum hat ihn Gott über alle erhöht und ihm den Namen verliehen, der größer ist als alle Namen, damit alle im Himmel, auf der Erde und unter der Erde ihre Knie beugen vor dem Namen Jesu und jeder Mund bekennt: »Jesus Christus ist der Herr«. – zur Ehre Gottes, des Vaters.

Philipper 2,5-9

Weil Jesus die kleinste und demütigste Haltung eingenommen hat, erhöht ihn Gott über alles und verleiht ihm einen Namen, bei dessen leisem Ausruf die Dämonen fliehen und sich ihre Knie beugen müssen!

Jetzt stellt sich aber die Frage: Warum hat Jesus das alles gemacht? Erstens: Um uns nach Hause zu holen und den teuren Preis der Erlösung zu bezahlen. Und zweitens: um uns das Prinzip Gottes zu lehren. Er wollte uns zeigen, wie wir die Welt besiegen können. Mit einem Herzen voller Hingabe. Mit einer Upside-down-Haltung. Um das zu werden, was wir sind: Erben des Königreiches.

Durchbruch

Wir sind für Herrschaft und das Königreich Gottes bestimmt. Oft sind Dinge nicht in der richtigen Ordnung. Wenn wir begreifen, wie sehr sich Gott für uns hingibt, verstehen wir, dass es eine Antwort der Liebe ist, sich Gott unterzuordnen. Das eröffnet den Raum, dass er uns in die Bestimmung als Erben des Königreichs führt.

Jünger werden – darauf kommt es an

- Wir sind dazu bestimmt, im Reich Gottes zu dienen.
- Im Königreich Gottes herrschen Upside-down-Prinzipien.
- Das Herzstück der Nachfolge ist die Hingabe an den Vater.
- Jesus als Herrn anzuerkennen meint die völlige Auslieferung aus totaler Liebe.
- Wir legen unsere Rechte nieder, um den Thron unseres Herzens für Jesus freizuräumen.

KAPITEL 7

EIN NEUER LIFESTYLE

Leben im Königreich Gottes

Die »Reich Gottes«-DNA

Eine DNA ist etwas Wunderbares. Sie transportiert alle relevanten Informationen von einer Generation in die nächste. Es ist faszinierend zu beobachten, wie ähnlich sich Geschwister sein können. Wie ein Sohn nach seinem Vater kommt, eine Tochter nach ihrer Mutter. Oder auch nicht. Viel Gutes und auch manchmal weniger Gutes wird über die DNA in einen neugeborenen Menschen gelegt. Eine gewisse Veranlagung. Keinesfalls eine Garantie zum Gelingen des Lebens oder gar eine Festlegung auf negative Attribute. Aber dennoch ein gewisser Grundstock. Eine Prägung.

Auch eine Jüngerschaftsbewegung hat eine gewisse DNA, eine Prägung. Wir haben zehn mögliche Aspekte herausgefiltert, die die Richtung eines solchen Lebensstils vorzeichnen. Diese Auflistung erhebt natürlich nicht den Anspruch auf Vollständigkeit. Dennoch sind viele wesentliche Elemente enthalten.

Wie kam es zu dieser Zusammenstellung? Nun, wir leben ja in sehr dichten Beziehungen auf der HOME Mission Base unter jüngerschaftlichen Gesichtspunkten zusammen. Irgendwann wurde es uns wichtig, einige grundsätzliche Punkte unserer Einstellungen festzuhalten. Das sollte uns selbst dabei helfen, uns darüber mehr im Klaren zu sein und diese als Werte von vornherein zu kommunizieren. Daraufhin haben wir uns ganz einfach angesehen, was auf unserer Mission Base gut oder sehr gut läuft. Das war der erste Teil. Danach haben wir genau hingeschaut, was bei uns eigentlich gar nicht gut läuft. Welches die Punkte sind, wo wir viel oder sehr viel Luft nach oben haben. Das, was wir da festgestellt haben, haben wir dann als positive Kernaussagen formuliert. Sie geben unsere Ziele vor. Als täglicher Ansporn und als Richtschnur für unseren Alltag.

Bei uns hängt die DNA mitten im Treppenaufgang, gleich beim Eingangsbereich. Jeden Tag fällt unser Blick darauf. Eine Herausforderung. Einige Punkte haben sich aber auch schon verselbstständigt und werden bei jeder passenden Gelegenheit zitiert, um uns als Gruppe wieder auszurichten.

Wir glauben, dass diese zehn DNA-Punkte auch dein Leben entscheidend prägen können und dir eine Hilfe sind, dein Leben nach den Prinzipien der Jüngerschaft auszurichten. Los geht's!

#01 WIR SIND GRUNDSÄTZLICH POSITIV

Der erste Punkt ist gleich einer der schwierigsten. »Grundsätzlich positiv« ist eine Lebenshaltung. Damit ist gemeint, dass ich erst einmal alles positiv sehe, egal was sich gerade in meinem Leben tut oder wie sich auch immer die Umstände in meinem Leben entwickeln. Grundsätzlich. Das heißt nicht, dass alles in meinem Leben gut sein muss. Keinesfalls. Aber wenn Dinge nicht passen, versuche ich mit einer positiven, wertschätzenden Haltung an einen Veränderungsprozess heranzugehen.

Eines der Gegenteile von »Grundsätzlich positiv« ist Jammern. Uns als Österreichern wird oft unterstellt, dass Jammern tief in unserer nationalen Seele verankert ist. Da mag schon was dran sein. Sicherlich erwischen wir uns immer wieder beim Jammern (oder, auf Österreichisch noch besser: beim »Raunzen«). Man kann das durchaus als eine Art Psychohygiene sehen. Es geht einem nach etwas Jammern manchmal besser. Die Auswirkungen auf das Umfeld, auf andere Menschen können allerdings verheerend sein. Schnell entsteht eine schlechte Atmosphäre, in die auch andere Menschen im wahrsten Sinne des Wortes hineingezogen werden. Kleine Unannehmlichkeiten und Unbefindlichkeiten werden plötzlich größer und größer und beginnen zu dominieren. Es entsteht eine unhygienische Stimmung.

Ich glaube nicht, dass dieses Phänomen auf Österreich beschränkt ist. Die Bibel bezeichnet die Haltung als »Murren«. Das bringt immer Leid, Fluch oder Tod. An vielen Stellen sprechen die Texte sehr klar. Eine davon ist im Buch Numeri (4. Buch Mose) im 13. und 14. Kapitel beschrieben. Mose schickt Kundschafter nach Kanaan, in das verheißene Land. In das Land, wo Milch und Honig fließen sollen. Von jedem Stamm werden ein paar Vertreter ausgesandt. Vierzig Tage sind sie unterwegs. Sie sehen das Land, die Menschen, die üppigen Früchte und bringen diese sogar mit ins Lager der Israeliten in der Wüste. Dann legen die Kundschafter Bericht vor dem ganzen Volk ab. Es sei ein wunderbares, fruchtbares Land. Aber die Bevölkerung lebe in befestigten Städten und die seien groß.

Sie haben Angst bekommen und glauben Gottes Zusagen in Bezug auf die Eroberung des Landes nicht. Das Volk beginnt zu murren. Viele wollen sogar zurück in die ägyptische Gefangenschaft! Einer von ihnen, Kaleb, der Vertreter des Stammes Juda, versucht das Volk zu beschwichtigen und für Mose und Gott Partei zu ergreifen: »Los, hinein mit uns in dieses Land, wir schaffen das!« Er ist »grundsätzlich positiv«. Doch die anderen Kundschafter beginnen Gerüchte zu verbreiten. Die Bevölkerung seien Menschenfresser und außerdem Riesen.

Unmut, Übertreibung und manchmal sogar Lüge sind die Früchte von Murren und Jammern.

Unmut, Übertreibung und manchmal sogar Lüge sind die Früchte von Murren und Jammern.

Damals in der Wüste geht das Murren so weit, dass Gott mit »seinem« Volk nicht mehr will. Es soll einen Neustart mit Mose als Stammvater geben. Doch Mose kann – wie schon so oft – Gott überzeugen, gnädig mit seinem Volk zu sein. Der lässt sich darauf ein – allerdings mit Einschränkung. Alle, die die Großtaten Gottes sahen und trotzdem murrten, werden nicht in das verheißene Land kommen. Erst ihre Kinder. Nur Kaleb ist eine Ausnahme, weil ein anderer Geist in ihm war und er Gott treu nachgefolgt ist. Alle sollen nun erst einmal 40 Jahre durch die Wüste ziehen. Für jeden Tag, den die Kundschafter unterwegs waren, ein Jahr. Als Folge ihres Murrens gegen Gott.

In den Versen 36 und 37 des 14. Kapitels wird berichtet, dass die Kundschafter, die das Volk verführten, durch eine Plage des Herrn umkommen. Weil sie das Volk durch ein böses Gerücht gegen Gott aufbrachten. Murren bringt Fluch statt Segen.

»Grundsätzlich positiv« ist das beste Mittel gegen Murren, Jammern und schlechte Stimmung.

Don Quijote ist mir, Patrick, ein persönliches Vorbild in dieser Sache geworden. Vielen ist diese bereits 1605 entstandene Geschichte vor allem durch den Kampf des scheinbar wirren »Ritters« Don Quijote gegen seine erbitterten Gegner, die Windmühlen, bekannt.

Dabei steckt da noch viel mehr dahinter. Ein kleiner Landadeliger beschließt, ein edler Ritter zu werden. Sein »Ross« ist allerdings ein Klappergaul, der sich kaum auf den Beinen halten kann, seine Rüstung rostig und löchrig. Als sein Schloss bezeichnet er eine heruntergekommene Dorfschenke mit schmuddeligen Gästen und noch schmuddeligeren Dirnen, die er als Edelfrauen bezeichnet. Er scheint in einer völligen Parallelwelt, einer Fantasiewelt, zu leben.

Und dann, an einer unerwarteten Stelle, der Satz, der sich mir tief eingeprägt hat:

Ich sehe die Welt nicht wie sie ist, ich sehe die Welt, wie sie sein könnte.

Jeder Kleingeist geht, jedes Jammern verstummt, jedes Richten relativiert sich, jedes Murren schämt sich seiner selbst, wenn wir beginnen, die Welt so zu sehen, wie sie sein könnte. So wie Gott sie eigentlich erschaffen hat. Nämlich: grundsätzlich positiv!

#02 MISSIONARISCHE JÜNGERSCHAFT IST UNSERE KRAFT

Missionarische Jüngerschaft ist das Prinzip Jesu, mit dem er »Reich Gottes«-Kultur ausbreiten wollte und will. Das hat er uns gelehrt. Wir sind in diesem Buch ausführlich darauf eingegangen. Wir haben einen kurzen Blick in die Kirchengeschichte geworfen und erkannt, dass man in manchen Epochen Jüngerschaft massiv vernachlässigt hat. Die katholische Kirche durfte sich von freien Kirchengemeinden – zum Beispiel im südamerikanischen Raum – herausfordern lassen. Seit Papst Paul VI. entwickelt sich der Begriff der »missionarischen Jüngerschaft« über die Päpste Johannes Paul II., Benedikt XVI. und schließlich Franziskus kontinuierlich weiter. Bei der überwiegenden Mehrzahl der Bischöfe – vor allem in Europa – ist davon leider noch fast nichts angekommen.

Umgekehrt entwickelt sich eine starke neue Bewegung von unten. Initiativen schießen an vielen Stellen scheinbar aus dem Boden. Gebetshäuser, kleine Jungendbewegungen, Worship-Initiativen und Gebetskreise ploppen auf. Bücher wie das »Mission Manifest« (Herder) oder »Mission Zukunft« (SCM R.Brockhaus) bereiten den Boden für offene Diskussionen und Auseinandersetzungen. Eines haben all diese Initiativen gemeinsam: keine Berührungsängste mit anderen Gemeinden, Kirchen oder Denominationen.

Jüngerschaft – ich will es nochmals klar aussprechen – ist ein Lebensprogramm, ein Prozess und eine ständige Herausforderung. Eine Gemeinde, die jüngerschaftliche Prinzipien umsetzt, wird weder veralten noch schrumpfen noch in sich erstarren. Sie wird gesund werden und bleiben. Rick Warren, Gründer einer der größten Kirchen Amerikas – der Saddleback Church in Kalifornien – sagt sinngemäß, dass eine gesunde Gemeinde ihr natürliches Wachstum gar nicht verhindern kann.

Ein letzter Gedanke: Vor einigen Jahren hörte ich einen Sprecher auf einer Konferenz. Leider habe ich vergessen, wer es war. Aber er stellte eine These auf, die mir hängen blieb und die wir auf der Mission Base voll und ganz bestätigen können: »Wenn deine Gemeinde nicht voll von Storys ist, wird sie nicht leben.«

Damit weist der Sprecher darauf hin, dass eine Gemeinde von Geschichten lebt, die sich in ihr zutragen. Und er meint aktuelle Geschichten. Keine Erzählungen aus der »guten alten Zeit«. Auf der Mission Base haben wir dazu ein eigenes kleines Format entwickelt, die »Kingdom Storys« – Geschichten aus dem Königreich. Bei fast allen Team- oder Boardmeetings beginnen wir mit ein paar solcher Kingdom Storys. Dabei erzählen wir mit knappen Worten, welche Großtaten Gott in unserer Mitte in den letzten Tagen getan hat. Wir berichten beispielsweise von Menschen, die plötzlich in unserem Haus standen und Gott entdeckt haben, von überraschenden Erkenntnissen, die Gäste hatten, von größeren und kleineren Heilungen und Befreiungen, von Erlebnissen auf der Straße, von erhörten Gebeten, von Lebensübergaben und so weiter. Das ermutigt unser ganzes Team und ist ein biblisches Prinzip. Die Heilige Schrift ist voll von Situationen, in denen die Gemeinde von den Taten Gottes berichtet. Deine Gemeinde, deine Kirche braucht Storys. Kingdom Storys. Und sie müssen erzählt werden.

#03 IN GEMEINSCHAFT WERDEN WIR HEILER

Wir träumen von einer Kirche, in der Menschen heiler werden. Wir glauben sogar, dass das eine wesentliche Aufgabe von Kirche ist. Schon im vorigen Punkt habe ich darauf hingewiesen, wie wichtig eine *gesunde* Gemeinde ist. Und ich glaube: Eine gesunde Kirche bringt gesunde Menschen hervor.

Eine gesunde Kirche bringt gesunde Menschen hervor.

Oder anders gesagt: Kirche soll ein Ort sein, an dem Menschen *gesunden* und heiler werden. Gott hat prinzipiell großes Interesse daran, dass das geschieht. Auch das ist ein Prozess. Damit Kirche heiler wird – und sie hat höchste Not darin – braucht es Schritte auf drei Ebenen:

1. bei dir persönlich,
2. in der Gemeinschaft,
3. nach außen hin.

Lass uns diese drei Bereiche genauer ansehen. Sie sind wesentlich für den Aufbau von »Reich Gottes«-Kultur.

Bei dir persönlich

Im großen Missionsbefehl im 28. Kapitel des Evangeliums nach Matthäus fordert der Herr seine Jünger auf hinauszugehen und »alle Nationen zu Jüngern zu machen«.

Wir haben gesehen: Jünger werden heißt auch, Freundschaft mit Gott zu leben. Heilung bedeutet zuerst immer, diese Freundschaft wiederherzustellen. Bereits dadurch werden wir heiler. Besonders deutlich wird das auch in der Erzählung von dem gelähmten Mann in Markus 2,1-12. Vier Freunde bringen ihn zu Jesus. Weil aber so viele Menschen in dem Haus und um das Haus herum sind, in dem Jesus lehrt, schlagen sie ein Loch ins Dach und lassen den Freund auf einer Trage herunter. Mitten vor die Füße von Jesus. Und seine Antwort ist erstaunlich und richtungsweisend für uns: »Kind, deine Sünden sind dir vergeben« (Markus 2,5; ELB).

Damit zeigt Jesus klar, um welche Reihenfolge es geht, wenn wir heiler werden wollen. Das Entscheidende scheint die Vergebung der Sünden zu sein. Und genau das ist letztlich die Wiederherstellung der Freundschaft mit Gott. Die Wiedereinsetzung der Königskindschaft. Der Wiedereintritt in die Erbfolge. Und während ein paar Schriftgelehrte, die dabeisitzen, meinen, er lästere Gott, sagt Jesus schlicht und einfach: »Nimm dein Bett auf und geh in dein Haus« (Markus 2,11; ELB). Der Gelähmte ist geheilt. Die Priorität ist klar.

Wenn wir als Kirche heiler werden wollen, müssen wir bei uns selbst anfangen. Das heißt: strukturierte Arbeit an unseren Verfehlungen, vor allem den Ursachen davon. Arbeit an unseren Charakterschwächen, Aufdecken von negativen Verhaltensmustern. Aber auch Nährung und Stärkung der Bereiche in unserem Leben, in denen wir Mangel erleben.

In der Gemeinschaft

Der Mensch ist für Gemeinschaft gemacht. Ein Leben in freiwilliger Einsamkeit ist eine totale Ausnahme und ein besonderer Ruf. Wie freudig muss der Ausruf Adams gewesen sein, als er seine Frau Eva erkannte. Obwohl er alles hatte, im absoluten

Paradies lebte, hatte er einen Mangel. Gott schenkte ihm deshalb eine Frau. Adams erste Worte dazu waren: »Diese endlich ist Gebein von meinem Gebein und Fleisch von meinem Fleisch« (Genesis 2,23; ELB).

Der Mensch sehnt sich nach Gemeinschaft. Auch der dreifaltige Gott ist ja ein klarer Ausdruck davon.

Gut und emotional satt in Gemeinschaft zu leben, ist eine Herausforderung. Wie wir gehört haben, waren eine der größten Herausforderungen der Jünger zur Zeit Jesu ja bekanntlich die anderen elf Jünger. Auch damals waren die Themen die gleichen: Neid, Vergleich, »Wer ist der Größte?«, Missgunst, Stolz, Besitzdenken und all das andere, das du aus deinem eigenen Leben kennst.

Und dann sind da noch Menschen, die, ohne dass es ihnen bewusst ist, Erinnerungen auf einer tieferen Ebene bei uns auslösen. Sie »triggern« etwas bei uns, weil sie mit einem bestimmten Verhalten zum Beispiel an den Vater, die Mutter, einen Verwandten, Vorgesetzten oder wen auch immer erinnern. Je besser deine Grundbedürfnisse an Liebe und Intimität durch Gott gestillt sind, desto freier kannst du unter Menschen leben. Gott und eine gesunde, tiefe Beziehung zu ihm ist also auch der Schlüssel für heile Beziehungen.

Clearing

Ein besonderes Hilfsmittel in puncto »heiler werden« ist das sogenannte »Clearing«. Es ist angelehnt an die gewaltfreie Kommunikation und ein Weg, um Konflikte gut zu klären.

Wenn du merkst, dass dich etwas unglaublich an einer Person nervt oder du ein Problem mit jemand anderem hast, dann solltest du ein »Clearing« machen. Oft liegt ja ein Teil des Problems auch bei dir selbst. Dazu triffst du dich mit der anderen Person und legst die Fakten auf den Tisch, zum Beispiel:

»Ich möchte gerne lüften. Immer wenn ich lüfte, machst du das Fenster zu.« Dann kommt dein Gefühl: »Ich habe das Gefühl, du ignorierst meinen Wunsch nach Frischluft.« Als Letztes kommt dein Wunsch: »Ich wünsche mir, dass du mich fragst, ob du das Fenster wieder zumachen kannst, wenn es dir zu kalt wird.« Wichtig ist dabei die Ich-Form. Auf diese Weise soll den vorschnellen Verurteilungen (zum Beispiel: »Du magst mich sowieso nicht«, »Du bist immer wütend auf mich«) direkt der Wind aus den Segeln genommen werden. Oft merkt man dann auch, dass vermutete Dinge gar nicht wahr sind und ganz andere Gründe haben. Vielleicht macht die andere Person das Fenster immer so schnell zu, weil sie eine Pollenallergie hat. Manchmal muss man einfach miteinander reden. Die Form des Clearings ist eine gute Methode, um Konflikte zeitnah anzugehen. Unsere Erfahrung ist, dass dadurch Freundschaften stärker werden und Klarheit und Einheit in Teams kommt.

Nach außen hin

Unsere Gesellschaft steht in der Spannung zwischen Wohlstand und Sinnentleerung. Viele leben in einer materiellen Fülle wie nie zuvor. Anderen reicht der Job kaum mehr zum Überleben. Krankheit, Leistungsdruck, Zukunftsängste und die große Frage des »Warum« nagen an der persönlichen Zufriedenheit.

Immer noch überrascht mich die Direktheit, mit der sich mir, Patrick, Menschen aus meinem beruflichen Umfeld anvertrauen. Die Not ist groß. Ob drei Autos in der Garage stehen und das Golf-Handicap einstellig ist oder man nicht weiß, wie man den nächsten Monat finanziell über die Runden kommt – es macht letztlich keinen großen Unterschied im subjektiven Empfinden eines Leidensdrucks. Allein in den letzten Wochen haben sich uns drei Frauen als Opfer häuslicher Gewalt anvertraut. Wir leben in einer kaputten Gesellschaft. Und wir brauchen Orte, wo wir Menschen Sinn, Ausrichtung, Kraft für einen Neustart und Halt geben können. Wir brauchen gesunde Kirchen und Gemeinden.

Von persönlicher Veränderung geht es zu einer heileren Kirche und von da zu einer heileren Gesellschaft. Ein mühevoller Weg. Es ist der Weg der Jüngerschaft und es gibt keine Abkürzung. Mark Twain sagte einmal: »Eine Angewohnheit kann man nicht aus dem Fenster werfen. Man muss sie die Treppe hinunterprügeln. Stufe für Stufe.«

Hier zusammenfassend noch einige Tipps, um heiler zu werden:

- Übernimm Verantwortung für dich und dein Leben.
- Beginne, an deinen Baustellen zu arbeiten.
- Analysiere deine Charakterschwächen und arbeite daran.
- Beobachte dich in Gemeinschaft: In welche negativen Muster fällst du wann und warum zurück?
- Entwickle ein Gespür für andere Menschen und für ein gutes Miteinander.
- Entscheide dich aktiv dazu, ein gutes Klima zu prägen.
- Suche Milieus, die dir guttun und in denen du wachsen kannst.
- Werde Vorbild für andere.
- Beachte Clearings und Honorings (mehr dazu später).
- Lebe integer, mach keine faulen Kompromisse.

#04 DURCH FEHLER WERDEN WIR BESSER

Wir Menschen sind Weltmeister darin, Fehler zu machen. Dann sagen wir: »Den Fehler mache ich nur einmal.« Doch wir neigen dazu, Fehler mindestens fünf- bis achtmal zu wiederholen. Erst dann haben wir die Lektion wirklich gelernt.

Fehler sind etwas Großartiges, wenn wir sie in eine entsprechende Kultur einbetten. Wenn du keine Fehler in deiner Nähe dulden willst, wirst du dein ganzes Leben allein bleiben. Du wirst keinen Ehepartner, keinen Arbeitskollegen, keinen Freund, keinen Niemand finden, der nicht Fehler macht. Und wenn du mit einem ehrlichen Blick in den Spiegel schaust, wirst du selber vor deinen Ansprüchen nicht bestehen können.

Als Kind habe ich, Patrick, mit Begeisterung ein Survivalbuch gelesen. Also ein Buch, in dem beschrieben steht, wie man in der Wildnis überlebt. Wenn du keine sichere Nahrung mehr finden kannst und nur von Pflanzen umgeben bist, die du nicht kennst, dann kommt die »Trial & Error«-Methode zur Anwendung. Ich liebe dieses Prinzip: »Versuch und Irrtum«. Das funktioniert so: Du probierst ein klein wenig von einer Pflanze und dann wartest du. Wenn es dir gut geht, kein Schwindel, kein Bauchweh, kein Kopfweh kommt, dann nimmst du ein bisschen mehr. Du tastest dich einfach immer weiter vor und probierst Dinge aus.

Wenn wir aufhören, neue Dinge auszuprobieren, dann werden wir uns persönlich nicht mehr weiterentwickeln.

Das ist eine der effektivsten Lernmethoden überhaupt. Man könnte die Methode umgangssprachlich auch einfach »Ausprobieren« nennen. Wenn wir aufhören, neue Dinge auszuprobieren, dann werden wir uns persönlich nicht mehr weiterentwickeln und die Welt wird nichts Neues mehr entdecken. Das wäre eine Katastrophe. Wer aber mutig Dinge wagt, muss auch Rückschläge, Scheitern und Fehler in Kauf nehmen.

Welches Entwicklungspotenzial hat eine Organisation, in der Fehler erlaubt oder gar – im Sinne der Weiterentwicklung – erwünscht sind! Ein jüngerschaftliches Umfeld muss eine gewisse Fehlerelastizität aufweisen. Nur so kann eine gesunde Entwicklung und Ausschöpfung der menschlichen Potenziale nachhaltig geschehen.

Wir verstehen unsere Rolle auf der Mission Base bewusst als Biotop, in dem sich junge Menschen ausprobieren können. In den Jüngerschaftsprogrammen geht es dabei vor allem um Talente, Charismen und Begabungen, aber auch darum zu lernen, wie man sich einer Gruppe, seinen Mitmenschen so anvertrauen kann, wie man wirklich ist. Ohne Masken. Ohne Rollen. Unverdünnt.

In unseren Leadership-Ausbildungen geht es dann vor allem um das Hineinwachsen und Entwickeln des individuellen Führungsstils. Auch da ist viel Ausprobieren, viel Trial & Error gefragt.

Alles zusammen keine kleine Aufgabe. Ausprobieren ist dabei eine tolle Vorgangsweise. Fehler inklusive. Man kann solche Situationen auch mit einem Pendel in einer Standuhr vergleichen. Das Pendel kann manchmal ordentlich ausschlagen. Und manchmal wird dabei der halbe Standuhrkasten zertrümmert. Ein guter Leiter ist ständig gefordert zu entscheiden, ob er eingreifen soll oder nicht. Es kann ganz schön hart sein zuzusehen, wie ein Jünger einen großen Fehler macht, man aber um des Lernens, des Ausprobierens willen, nicht eingreift. Es braucht dazu das gute Gespür eines Leiters und ein Umfeld, das gewohnt ist, Fehler anderer als Entwicklung zu sehen. Zu oft werden in Organisationen Fehler anderer zur persönlichen Profilierung missbraucht.

Gott hat an König David neben seinem leidenschaftlichen Herzen vor allem eines geschätzt: sein belehrbares Herz. Aus Fehlern lernte David. Darum sollten auch wir – vor allem als Leiter – ringen.

Hier einige Tipps rund ums Fehlermachen:

- Um eine gute Fehlerkultur zu schaffen, braucht es Reife und Entschlossenheit.
- Leiter müssen lernen, dass es viele unterschiedliche Wege zu einer Problemlösung gibt. Selbst wenn nicht alle klappen.
- Leiter sind gefordert, das Gesamtsystem zu überblicken – und zwar den, der einen Fehler macht, und die möglichen Auswirkungen.

Die größten Fehler beim Fehlermachen:

- Vertuschen.
- Relativieren – nimmt den Lernerfolg.
- Den Umständen oder anderen Menschen die Schuld geben.
- Kein belehrbares Herz haben.
- Krampfhaft versuchen, keine Fehler zu machen.

Fehler sind großartig. Aber es braucht die richtige Kultur, um daran zu wachsen.

#05 »FATHERING« ENTWICKELT UNSEREN FÜHRUNGSSTIL

Es gibt eine Reihe von unterschiedlichen Führungsstilen. Die Unternehmenskulturen ändern sich. Hierarchien scheinen zu verflachen. Der »gute alte Patriarch« scheint ein Auslaufmodell zu sein. Der Markt an Leadership-Literatur wird immer unübersichtlicher. Klar ist: Jedes Unternehmen, jede Organisation braucht Führung. Ohne Vision, ohne Regeln, ohne Ressourcen, ohne Planung ist kein sinnvolles Wachsen möglich. Letztlich auch keine Sinnerfüllung spürbar.

Aber unter welchen Modellen, unter welchen Leadership-Ansätzen kann eine Jüngerschaftsbewegung gesund und zielgerichtet wachsen? Nun, darüber gibt es sicher sehr unterschiedliche Ansätze, Meinungen und Praxisbespiele. Und natürlich sind auch wir sehr gefordert, das für unsere Zwecke und zu unserer Struktur am besten passende Modell zu finden oder zu kreieren oder, noch besser gesagt, zu adaptieren.

Dabei denke ich oft an das Modell vom »guten König«. Stell dir vor, du lebst in einem kleinen Königtum. Der König hat sehr viele Möglichkeiten, sein Königreich zu gestalten. Und er ist ein absolut guter König. Er hat seinen Blick auf all seinen Untertanen. Er sieht nicht nur dich, sondern auch dein Umfeld, deine Entwicklung, deine Nachbarn. Gleichzeitig nimmt er mit denselben weisen Augen auch alle anderen wahr. Und dann beginnt er da und dort einzugreifen, Ressourcen zu verteilen, verschiedene Bewohner in sein Schloss einzuladen, einige zu befördern und ihnen größere Aufgaben zu übertragen. Und anderen nicht. Viele kommen nicht in sein Schloss, viele bekommen keine tollen Aufgaben und die einen bekommen mehr und andere weniger. Aber du weißt: Der König hat alles unter Kontrolle. Er gibt jedem, was er braucht. Zur passenden Zeit.

So sollte eigentlich auch der perfekte Vater sein. Er teilt seinen Kindern das zu, was sie gerade brauchen, beziehungsweise was für ihre Entwicklung gerade das Beste ist. Das versteht ein Kind nicht immer. Da fehlt der Überblick über das Gesamte. Und vielleicht auch manchmal die Grunderfahrung, dass der Papa schon weiß, was er tut. Kurz: Vertrauen.

»Fathering« als Führungsstil lehnt sich an das Prinzip des himmlischen Vaters an.

»Fathering« als Führungsstil lehnt sich an das Prinzip des himmlischen Vaters an. Es ist ein System aus »Challenge & Support«, aus Herausforderung und Unterstützung.

Wir wollen uns dabei nicht besser und vollkommener machen, als wir sind. Als Leiter sollen unser Ringen um Entscheidungen, unsere eigene Gebrochenheit und der Umgang mit Fehlern offen und sichtbar sein. Das hat mehrere Vorteile. Leiter werden oder bleiben sehr menschlich, es baut sich keine große Distanz auf. Umgekehrt kann man von erfahrenen Leitern lernen, wie man trotz Schwächen in manchen Bereichen seine Stärken ausweiten und einsetzen kann.

Im »Fathering«-Modell wird ein Leiter in all seiner Kompetenz, seiner Erfahrung und seinem Können wahrgenommen. Aber auch in seiner Schwäche und »müde auf dem Sofa liegend«. Wie ein Vater in einer Familie.

An diesen Denkprozessen schärfen wir unseren Führungsstil. Es ist ein gutes Modell. Praxiserprobt.

#06 EXZELLENZ UND EFFEKTIVITÄT SEHEN WIR ALS »REICH GOTTES«-BEGRIFFE

Und damit stehen wir gefühlt noch ziemlich allein da. Ich erinnere mich gut an eine ganze Reihe von Angeboten, die man uns machte, als wir die Mission Base bauten. Der »Klassiker« ist auch uns passiert: Eine freundliche Dame, die ich persönlich gut kenne, rief mich, Patrick, an. Sie habe ein Sofa für unsere neue Base und dieses würde sehr gut passen. Weil ich den Braten schon fünf Kilometer gegen den Wind roch, ging ich gleich etwas forscher vor:

»Wow, super! Brauchst du dein Sofa nicht mehr?« – »Nein, nicht mehr.«

»Hast du dir wahrscheinlich ein neues gekauft?« – »Ja, genau.«

»Sicher ein sehr schönes und das alte passt nicht mehr und steht jetzt im Keller?« – »Ja, genau!«

»Aber für die Mission Base ist es noch gut genug, richtig?«

Schweigen am anderen Ende.

Und das ist ein Problem in vielen unserer Kirchen und Gemeinden. Ich bin schon müde den Kopf zu schütteln über diverse Gemeinderäume und Pfarrsäle. Vorhänge aus den 70ern, Linoleumböden, natürlich, sind ja so pflegeleicht, eine Sammlung aus zusammengewürfelten aussortierten Möbeln, abgeladen von Gemeindemitgliedern. Die Raumtemperatur auf 17 Grad, mit jedem Grad weniger spart man viel Geld. Und dann natürlich noch die Zettel an allen erdenklichen Stellen. Manchmal laminiert, meist vergilbt und eingerissen. »Licht ausmachen!«, »Wasserhahn abdrehen!«, »Fenster MUSS immer geschlossen werden!«, »Betreten streng verboten!« und so weiter.

Es gibt viele weitere Beispiele. Predigten, Infoblätter, Pfarrbriefe, Umgang mit Gästen. Eine endlose Liste.

Exzellenz ist ein »Reich Gottes«-Begriff. Perfektion ist genau das Gegenteil. So lautet eine unserer Thesen. Denn es gibt einen Unterschied zur Perfektion: Sie gibt ein unerreichbares Ziel vor. Der Bezugspunkt ist eigentlich nie erreichbar. Immer noch mehr, noch besser, noch schöner. Perfektion killt deinen Partner, deine Kinder, deine Arbeitskollegen und sogar deine Freunde vom Sportverein. Und schließlich dich selber. Niemand kann neben einem Perfektionisten bestehen. Geschweige denn glücklich werden. Perfektion heißt: Ich habe eine ganz genaue Vorstellung vom Ergebnis im Kopf und komme nicht zur Ruhe, bis ich genau dieses Ergebnis erreicht habe. Und selbst dann bin ich nicht 100-prozentig zufrieden. Perfektionismus hat Wurzeln. Wenn du darunter leidest, macht es Sinn, diesen Wurzeln nachzuspüren.

Exzellenz ist ein »Reich Gottes«-Begriff. Perfektion ist genau das Gegenteil.

Unter Exzellenz verstehen wir etwas ganz anderes. Exzellenz heißt: Ich versuche mit Leidenschaft das für mich, jetzt und hier beste Ergebnis zu erzielen, unter Berücksichtigung meiner vorhandenen Ressourcen. Und das ist grundsätzlich etwas Anderes als Perfektion.

Ähnlich verhält es sich mit den Begriffen Effizienz und Effektivität. Die Buchhandlungsregale sind bis an der Rand gefüllt mit Literatur zum Thema »Steigere deine Effizienz«. Dabei dreht es sich oft um Tipps wie »Plane deinen Tag und lass dich nicht unterbrechen!«, »Halte dich von Menschen fern, die dich aufhalten!«, »Achte auf dich – und nur auf dich!«. Und das ist genau das Problem. Du kannst deine Aufgaben unglaublich schnell, sprich: effizient, erledigen. Ein beliebter Kerl wirst du deshalb noch lange nicht werden.

Effektivität hingegen ist auf ein großes Ziel, eine Vision, ausgerichtet. Die Herausforderung ist es dabei, in Prozessen zu denken und alle Positionen im Blick zu behalten. Dann kann es durchaus Sinn ergeben, manchmal vom geraden Weg abzuweichen, um das Team neu auszurichten und zu motivieren. Schließlich verlangen die unterschiedlichen Begabungen und Charaktere nach unterschiedlichen Aufmerksamkeiten. Ein Beispiel: Eine Pizza oder ein Bier abends mit deinen Kollegen ist sicher nicht effizient. Aber es kann die Effektivität deines Teams wesentlich erhöhen.

#07 GROSSZÜGIGKEIT UND PERSÖNLICHE VERSCHWENDUNG TRAINIEREN WIR

Im Buch Haggai klagt Gott sein Volk an. Die Menschen wohnen in tollen Häusern, das »Haus des Herrn« – also auf heute übertragen deine Kirche oder Gemeinde – liegt aber danieder. Die Menschen klagen darüber, dass sie arbeiten, aber es bleibt nichts in ihrer Tasche, sie essen, aber werden nicht satt, sie trinken Wein und werden nicht einmal betrunken. Mit anderen

Worten: Sie scheinen so gut wie alles zu haben, aber glücklich werden sie damit nicht. Kommt dir das bekannt vor? So sieht es in vielen Teilen der Gesellschaft heute aus. Und Gott gibt eine Antwort: Geht und baut das Haus Gottes wieder auf und er wird das Schicksal wenden (vgl. Haggai 1,8).

Erinnere dich an die Geschichte mit dem alten Sofa im vorherigen Punkt. Das ist genau das Problem. Wenn wir nicht beginnen, in das »Haus Gottes« und in seine Mitarbeiter ganz bewusst zu investieren, wird Gott seinen Segen zurückhalten. Zumindest sagt er das ganz deutlich in der Bibel.

Im Buch Maleachi, im 3. Kapitel, wird Gott noch klarer. Er fordert dich und mich heraus, ihn auf die Probe zu stellen. Das ist übrigens die einzige Stelle, wo Gott das tut. Er bittet dich darum, den zehnten Teil deines Besitzes in das Vorratshaus Gottes zu bringen und zu prüfen, ob er nicht reichlich Segen über dich und deine Familie ausgießt (vgl. Maleachi 3,10).

Das ist eine unglaubliche Verheißung. Und Gott ist sehr konkret. In vielen Gemeinden ist es selbstverständlich, den zehnten Teil des Einkommens für das »Haus Gottes« zu geben. Auf der HOME Mission Base haben wir im Augenblick über 40 Mitarbeiter. Fast alle haben Partner, die mit ihnen zusammenarbeiten. Sie überweisen monatlich einen frei gewählten Betrag, gewidmet für einen bestimmten Mitarbeiter, und haben so Anteil am missionarischen Dienst des HOME-Mitarbeiters. Dieses System ist weltweit verbreitet. Hunderttausende Missionare werden so finanziert. Erfunden hat es Gott selber.

Von den zwölf Stämmen Israels wurde ein Volk für den besonderen Dienst am Offenbarungszelt und später im Tempel ausgewählt: die Leviten. Bei der Landverteilung sah Gott für sie nur ein sehr kleines Fleckchen vor. Dafür lieferten die anderen elf Stämme den zehnten Teil ihres Ertrages an die Leviten ab. Damit war diese Gruppe freigestellt, um Gott zu dienen.

Und genauso ist es heute noch. In unseren Tagen machen

sich unzählige junge Menschen auf, verzichten bewusst auf die große Karriere, um Mitteleuropa (oder andere Teile der Welt) neu zu evangelisieren und so »Reich Gottes«-Kultur zu etablieren, wo sie scheinbar verloren geht.

Wir leben von dieser Großzügigkeit und trainieren sie selber täglich. Wir ringen darum, mit Menschen in schwierigen Situationen die »Extrameile« zu gehen, verfügbar zu sein für die Nöte der Menschen. Uns im Dienst an den Obdachlosen, Alkohol- und Drogenkranken, den psychisch Kranken, Verwahrlosten und Einsamen zu verschwenden geht nur, wenn wir uns gleichzeitig an Gott verschwenden.

Unsere Gebetshausmitarbeiter werden oft gefragt, warum sie Stunde um Stunde Lobpreis machen – scheinbar für die Wand. Die Antwort ist einfach und doch kaum zu verstehen: weil Gott es wert ist. Und er im Lobpreis seines Volkes thront. Weil unsere Mitarbeiter ihr Herz brechen lassen für die Dinge, die Gottes Herz brechen. Weil sie Stellvertreter sind für die vielen, die Gott nicht kennen oder noch nicht kennen. Weil sie die Gebrochenheit der Menschen jeden Tag vor den Thron Gottes legen. Weil sie sich dafür verschwenden.

So verschwenden wie Maria, die Jüngerin Jesu im 12. Kapitel im Evangelium von Johannes. Sie nimmt ihr ganzes Erbe, einen Jahreslohn an kostbarem Nardenöl, gießt es über die Füße Jesu und salbt ihn. Sie verschwendet ihr Vermögen. Radikal. Die Jünger sind entsetzt. Und Jesus lobt sie. Sie hat kapiert, worum es geht. Das hat nichts mit Leichtsinn oder gar Dummheit zu tun. Das hat damit zu tun, in innerer Klarheit zu sehen, wer und was es wert ist, sich in Großzügigkeit zu verschwenden. Sich hinzugeben.

Jesus selbst treibt das auf die Spitze. Es gibt keine größere Liebe, als wenn jemand sein Leben für einen anderen gibt (vgl. Johannes 15,13). Es gibt viele Möglichkeiten, dein Leben zu geben. Jeden Tag. Dabei musst du nicht unbedingt wortwörtlich sterben.

#08 LEIDENSCHAFT ERKÄMPFEN WIR UNS JEDEN TAG NEU

Leidenschaft kommt nicht von selbst. Es gibt viele Menschen, die alles ein bisschen gerne machen. Sie gehen gerne wandern, manchmal laufen, kochen gerne und gehen auch mal aus. Sie interessieren sich für Sport, ein bisschen für Kultur, kaum für Politik, schon auch für das Wetter und, und, und ...

Eine sichere Burg. Man riskiert nichts. Kann nicht enttäuscht werden. Erlebt keine großen Herausforderungen und ... lebt eigentlich ganz schön langweilig. So geht es heute vielen Menschen. Vor allem Männern.

Leidenschaftlich leben heißt: etwas zu riskieren. Heißt, vom sicheren und bequemen Sofa aufzustehen und etwas zu wagen.

Was ist Leidenschaft? Leidenschaft ist zuerst eine Entscheidung und dann ein bewusstes Durchhalten, manchmal ein Durchkämpfen auf ein bestimmtes größeres Ziel hin. In diesem Prozess aus Lernen, Ausprobieren, Rückschlägen, Besser-Werden, Erfolge-Feiern und Entwickeln entsteht eine Freude auf tieferer Ebene.

Leidenschaft ist zuerst eine Entscheidung und dann ein bewusstes Durchhalten, manchmal ein Durchkämpfen auf ein bestimmtes größeres Ziel hin.

Leidenschaftliche Menschen sind im Grunde demütig. Sie beginnen, innerlich für eine Sache zu brennen, mit dem Risiko, am Ende zu scheitern. Sie stecken viel Energie in ein Vorhaben. Wer innerlich brennen will, muss fähig sein, auf schnelle Belohnungen zu verzichten. Eine klare Vision, ein stimmiges Bild vom Ziel kann ein guter Antrieb sein.

Kann man Leidenschaft lernen? Ja. Man kann sie lernen, trainieren und darum ringen. Talente und Begabungen können eine Hilfe sein. Sind aber nicht zwingend notwendig. Hartnäckigkeit und Durchhaltevermögen sind entscheidende Kriterien dafür.

Eine Studie hat chinesische Schüler untersucht. Im ersten

Schuljahr mussten sich die kleinen Kinder für eine künstlerische Richtung entscheiden. Entweder Kalligrafie oder Malerei. Anschließend wurden die Kinder sechs Jahre lang intensiv im jeweiligen Fach unterrichtet. Dabei wurden sie besonders im Durchhaltevermögen trainiert. Die leitende Wissenschaftlerin Ellen Winner fragte bei den Lehrern, wie es war, wenn ein Kind die Lust verlor und aufhören wollte. Doch nach längerer Zeit wollte kein Kind mehr aufhören. Ganz im Gegenteil, die Kinder wurden immer besser darin und begannen eine große Leidenschaft aus einer intrinsischen Motivation heraus zu entwickeln.

Ich persönlich glaube, dass grundsätzlich jeder Mensch, der das will, eine Leidenschaft entwickeln kann. Manchmal braucht es dazu andere Menschen, an denen man Leidenschaft erleben kann oder die einem helfen, eine große Vision, ein Bild »vom Ziel« zu entwickeln. Menschen, die einem helfen, die ersten Schritte zu machen, die motivieren und begleiten. Und das sind gute Leiter oder Mentoren. Manchmal auch einfach Vorbilder.

Wenn es dir an Leidenschaft fehlt und du selber nicht in die Gänge kommst, such dir gute Leiter oder einen Mentor. Oder besuche Seminare zu diesem Thema. Gern auch bei uns auf der HOME Mission Base.

#09 UM DAS TEMPO UNSERES RENNES RINGEN WIR

Das ist vielleicht das heißeste Thema in einer Aufbruchsbewegung. Die Spannung zu halten zwischen zu viel und zu wenig. Zwischen »Tun« und »Sein«. Und dann sind da noch die »anderen Menschen«. Die man beobachtet und von denen man sich beobachtet fühlt.

Meine (Patricks) Großeltern hatten ein großes Wochenendhaus. Groß, weil wir eine große Familie sind. Immer wieder trafen sich die Kinder und Enkel an Sonntagen in diesem

Haus. Und jeden Sonntagnachmittag derselbe Ablauf. Meine motorsportbegeisterten Onkel setzten sich vor den Fernseher und verfolgten gespannt die Übertragung des jeweiligen Formel-1-Autorennens. Damals tat man das. Für mich als Kind war das eine sehr langweilige Sache. Nach zwei Stunden Motorengeheule war es endlich vorbei.

Paulus spricht im ersten Brief an die Korinther im neunten Kapitel von so einem Rennen. Er vergleicht den Glauben und das Reich Gottes mit einem Wettlauf. Viele starten, aber nur einer wird gewinnen. Also sollen wir so laufen, dass wir den Siegeskranz in Händen halten. Jedes Mal, wenn ich das las, musste ich an die Sonntagnachmittage in unserem Wochenendhaus denken. So ein Rennen war für mich keine Motivation. Eher eine Abschreckung! Später kam mir dann der Gedanke eines Oldtimer-Rennens. Im Gegensatz zu einem Formel-1-Rennen sehen die Oldtimer alle unterschiedlich aus. Jedes Fahrzeug hat seine Eigenheiten. Seine ganz eigene PS-Zahl, seinen eigenen Hubraum. Das erinnert mich viel mehr an uns Menschen. Aber das Beste bei einem Oldtimer Rennen: Für jede Oldtimer-Kategorie gibt es eine eigene Zielzeit. Nicht der gewinnt, der als Erster durchs Ziel fährt, sondern jener gewinnt, der am nächsten an seine individuelle Zielvorgabe herankommt.

Oldtimer gab es zu Paulus' Zeiten zwar noch nicht. Trotzdem gefällt mir dieser Gedanke ausgesprochen gut. Wir Menschen sind alle verschieden, wir sehen unterschiedlich aus. Jeder hat seine ganz eigene Schönheit. Und unsere Leistung ist unterschiedlich. Es gibt Menschen mit einem großen Hubraum und Menschen mit einem kleineren. Manche sind unglaublich leistungsstark, andere brauchen länger, bis ihr Motor warm wird, und nochmals andere haben scheinbar eine kleinere Leistung, dafür eine unglaubliche Eleganz.

Gott misst nicht mit dem gleichen Maß. Ich bin überzeugt: Gott hat eine individuelle Messschnur für jeden Menschen. Ich finde das total erleichternd! Ich weiß, ich muss mich nicht mit den Menschen rechts und links von mir vergleichen. Ich weiß, dass ich anders gebaut bin. Das wir alle unterschiedlich funktionieren. Und ich weiß, dass mein Start ins Leben nicht perfekt laufen muss. Ich habe meine eigene Zeit. Zum Starten. Zum Ankommen. Und unterwegs erst recht. So steige ich gerne in das Rennen des Paulus ein. So mühe ich mich gerne um meinen Siegeskranz. So bin ich bereit. Jeden Tag und absolut.

Allerdings: Wer sagt mir meine Zielzeit? Wie weiß ich, wann das Tempo passt? Nun: Es ist ein Ringen, und letztlich muss es jeder für sich selbst herausfinden. Ich glaube, Gott gibt uns bewusst keine verbindliche Regel, die für jeden gilt. Er möchte mit dir gemeinsam das Tempo festlegen. Die Geschwindigkeit, die für dich passt. Gott selber will dein Co-Pilot sein. Ein Coach, dein Mentor, dein Leiter und dein König.

Zwei Werkzeuge sind für dieses Ringen, für dieses Mentoring des Königs notwendig: Überraschung! Es sind wieder einmal die Bibel und die Stille Zeit. ☺

Durch die Bibel spricht Gott zu dir. Zur Erinnerung: Ja, dort erfährst du Wahrheiten über dich und über ihn. Und in der Stillen Zeit durchdringen diese Wahrheiten, Weisungen und Erkenntnisse dein Leben und manifestieren sich.

Schließlich gibt es auch verschiedene Phasen in deinem Leben. Manchmal steht dir die Welt offen und das »Tun« steht im Mittelpunkt. Ein anderes Mal ruft dich der Herr ganz bewusst zu mehr Ruhe. Hinein in das »Sein«. Beides braucht es und beides ist gut. Sehr gut. Deine Intimität mit Gott ist immer der Schlüssel.

#10 GROSSE KIRCHE UND KLEINE GEMEINSCHAFT LIEBEN WIR

Oft werden wir gefragt, welcher Weg für Kirche und Gemeinde im Kontext von Jüngerschaft denn der bessere sei: Soll es große Gemeinden geben mit Hunderten von Menschen, die dort sonntags zusammenkommen, oder lieber kleinere Gemeinschaften? Hauskirchen oder vielleicht kleine Gemeinden mit maximal 150 Gläubigen? Wir für unseren Teil sind klare Anhänger von großer Kirche. Obwohl wir sehen, welche Signifikanz Hauskirchen haben können. Für große Kirche sprechen eine Reihe von guten Argumenten. Und die meisten Gegenargumente lassen sich gut berücksichtigen.

Aber zuerst einmal ganz grundsätzlich. Es gibt gar nicht wenige Menschen, bis hinauf zu Bischöfen, die von einer kleinen, rechtgläubigen, »gesundgeschrumpften« Kirche träumen. Sie glauben, der Plan Gottes wird es sein, eine kleine geprüfte Herde in die letzten Tage zu führen. Man kann dieser Meinung durchaus etwas abgewinnen. Man braucht nur die Kirchenaustrittszahlen der großen Kirchen anzuschauen oder einen Blick in manche Gottesdienste werfen. Da ist dieser Gedanke nachvollziehbar. Allerdings geht es hier wohl eher um eine gewisse Selbsttröstung als um eine Vision.

Das Problem an dem Prinzip der »kleinen Kirche« ist, dass es sich nicht wirklich begründen lässt. Jesusworte wie »Wird jedoch der Menschensohn, wenn er kommt, den Glauben auf der Erde finden?« (Lukas 18,8 EU), und die Frage, wer am Ende standhaft bleiben wird (vgl. Markus 13,13) und Ähnliche stehen in keiner Relation zu Gottes Plan, seinen Sohn als Lösegeld zu geben. Auch sprechen alle Hauptlinien der Bibel von der Errettung möglichst vieler Menschen. So gut wie alle Gleichnisse Jesu, egal ob er sich in den Bildreden wirtschaftlicher, militärischer oder landwirtschaftlicher Bilder bedient, zielen auf

Wachstum ab. Und in Sprüche 14,28a heißt es: »In der Menge des Volkes, (besteht) die Herrlichkeit eines Königs« (ELB).

Wir lieben große Kirche. Wir lieben es, wenn mehr und mehr Menschen Gott als ihren Vater erkennen. Wir lieben es, »Storys« in unserer Kirche zu erleben. Storys von Menschen, bei denen Gott einfach beginnt, auf »krummen Zeilen gerade zu schreiben«. Geschichten von Menschen, die geistlich, und oft auch in Teilen ihres Lebens tot waren und jetzt wieder leben.

Wir lieben große Kirche. Wir lieben es, wenn mehr und mehr Menschen Gott als ihren Vater erkennen.

Eine große Gemeinde hat eine Reihe von Vorteilen. Dies betrifft vor allem die Ressourcen: Verkündigung, Musik, Management und bauliche Gegebenheiten zum Beispiel. Wenn du es etwas geistlicher, biblischer haben willst, ist das »Gemeindebau-System« von Paulus aus Epheser 4 eine gute Hilfe. Da spricht er davon, dass es in einer Gemeinschaft unterschiedliche Typen von Menschen, von Begabungen braucht. Er zählt fünf auf. Einige Typen sind gut bekannt und zu einem Teil selbsterklärend. Einige bedürfen ergänzender Sätze.

Da ist der Hirte als klassischer Seelsorger, Freund und einer, der es versteht, Heimat zu geben. Der Evangelist ist jemand, dessen Herz für jeden bricht, der Gott noch nicht kennt. Dieser sorgt dafür, dass die Gemeinde wächst. Er zieht sich allerdings tendenziell zurück, wenn er jemanden erst einmal in die Gemeinde gebracht hat. Der Lehrer schließlich sorgt für eine solide Basis im Glauben. Die vierte Rolle ist der Prophet, der für Richtung, Korrektur und Überführung sorgt. Der seltenste und in diesen Tagen hochnotwendige Typus ist der Apostel. Paulus selbst war so einer. Man könnte ihn in diesem Zusammenhang als eine Art geistlichen Manager oder »Machertyp« bezeichnen. Er entwickelt und transportiert Vision. Er beginnt, Menschen zu sammeln, und entwickelt Strategie. Schon zu Beginn hält er die Augen für seinen Nachfolger offen.

In großen Gemeinden ist es wesentlich leichter, diese fünf unterschiedlichen Typen zu finden als in kleinen. Auch die Verkündigung ist ein Schlüssel. Die Sonntags-Message ist von großer Bedeutung, wenn die Gemeinde wachsen soll. Ebenso die Qualität der Musik. Wie auch immer der persönliche Geschmack ist, ob Orgel, Orchester, Band oder nur ein Klavier bevorzugt wird, Musik öffnet die Herzen. Das braucht aber auch Menschen mit Begabungen, die bereit sind zu dienen.

Und dann sind da noch die Gebäude. Vor allem die großen Kirchen haben ein reiches Erbe an Gebäuden. Das ist wunderbar. Leider sind diese oft nicht wirklich für eine Aufbruchsbewegung geeignet.

Eine alte Weisheit sagt: »Gebäude dienen Menschen.« In heutiger Sprache würde man sagen »Form follows function«. Die Realität ist oft umgekehrt. Menschen müssen den Gebäuden dienen. Wie viel Zeit und Energie muss aufgebracht werden, um auch nur eine kleine Veranstaltung zu organisieren! Tische, Bänke, eine kleine Bar und wer weiß was noch alles müssen mühsam herbeigeräumt werden. Ein WC ist schwierig zu finden und als Mutter mit zwei kleinen Kindern ist man am Verzweifeln, weil es für die Kinder in der Kirche nur den kalten Kirchenboden gibt. In einer größeren Gemeinde stehen zumindest theoretisch auch mehr finanzielle Mittel zur Verfügung, um entsprechende bauliche Maßnahmen zu ergreifen.

Ein Gegenargument für große Kirchengemeinde könnte sein: Aber wie steht es mit Freundschaften? Mit Kirche als Familie? Wo kann ich mein Herz ausschütten? Und wer geht mit mir durch schwierige Zeiten?

Deine Kleingruppe. Für einen jüngerschaftlichen Weg ist eine kleine verbindliche Gruppe unerlässlich. Das Geheimnis der vielen gewaltig großen »mega churches« mit Zehntausenden von Mitgliedern sind, neben einem starken Sonntag, die Kleingruppen.

Die Kleingruppe sollte sich mindestens jede zweite Woche treffen. Die Größe liegt idealerweise zwischen sechs und maximal 20 Teilnehmern. Am besten trifft man sich privat, bei einem Mitglied mit geeigneten Räumlichkeiten. Und schön ist es, wenn es auch etwas Kleines zu essen gibt.

Oft werden in solchen Kleingruppen die Hauptpredigtpunkte vom letzten Sonntag besprochen, jeder kann dazu seine Meinung und seinen Standpunkt einbringen. Natürlich darf eine Gebetszeit, manchmal aufgeteilt in Gruppen, nicht fehlen. Und es sollte Platz für persönlichen Austausch und für Freundschaften sein.

So versuchen wir große Kirche in größtmöglicher Exzellenz am Sonntag und kleine vertraute Gemeinschaft unter der Woche zu leben.

Die DNA-Schlussbewertung

Diese Aufzählung ist, wie eingangs erwähnt, nicht erschöpfend. Dennoch ist diese DNA eine gute Richtschnur, an der sich aufbrechende und auf den jüngerschaftlichen Weg machende Gruppen, Gebetskreise, Hausgemeinschaften, Gemeinden oder Bewegungen orientieren können. Der Prozess einer tiefen Auseinandersetzung mit den eigenen Werten deiner Organisation kann dadurch selbstverständlich nicht abgekürzt werden. Dennoch sei hier eines erwähnt: Kirche und Gemeinde zu bauen, macht eine Riesenfreude! Du wirst mit großartigen Freundschaften beschenkt und dein Lohn wird hier wie dort riesig sein. Ganz ehrlich – aus eigener Erfahrung und tiefstem

> **Kirche und Gemeinde zu bauen, macht eine Riesenfreude!**

Herzen gesprochen: Es gibt letztlich nichts Spannenderes und Schöneres.

Ein fettes »Honoring« (dt. Ehrung), wenn du bis hierher gekommen bist. Eine wunderschöne Angewohnheit ist es, Menschen zu ehren für das, was sie tun. Diese Kultur der Ehre ist fester Bestandteil unserer HOME-DNA, unseres HOME-»Erbgutes«. Wir sagen uns, was wir aneinander schätzen, was wir Gutes im anderen entdecken und in nüchterner Weise, was uns am anderen fasziniert.

Wenn du bis hierher gelesen hast und bereit bist, die Arbeit an diesen Themen fortzusetzen, möchten wir dich ehren. Du bist deine ersten Schritte (oder vielleicht schon viel mehr) auf deinem Weg der Jüngerschaft gegangen.

KAPITEL 8

DER LOHN DER JÜNGERSCHAFT

Die große Ernte

Und jetzt wird's gefährlich: Jünger machen Jünger

Die letzten Worte, die ein Mensch sagt, bevor er geht oder stirbt, haben eine besondere Bedeutung. Sie kommen einem Testament, einem letzten Willen nahe.

Kurz bevor Jesus in den Himmel aufgenommen wird, gibt er seinen Jüngern in Matthäus 28,19 klare Anweisungen, wie er die Ausbreitung seines Reiches geplant hat. Wir haben diese Stelle schon öfter erwähnt. Sie taucht immer wieder auf. Vielleicht kannst du sie am Ende des Buches schon auswendig (ja, das ist unser geheimes Ziel ☺). Das Letzte, was Jesus den Jüngern mit auf den Weg gibt, ist schlicht: »Darum geht und macht alle Völker zu meinen Jüngern; tauft sie auf den Namen des Vaters und des Sohnes und des Heiligen Geistes.«

In diesen großen Auftrag bezieht Jesus dich und mich mit ein. Das Prinzip ist ganz einfach: Jünger machen Jünger. Es ist kein Hochschulstudium notwendig, keine Managementausbildung erforderlich. Auch kein besonderer Ruf Gottes ist Voraussetzung dafür. Die Sache ist im Grunde sehr einfach:

Das Prinzip ist ganz einfach: Jünger machen Jünger.

Geh! Ja, du! Ich auch.

So hat es sich Gott vorgestellt. Du bist nicht allein. Er legt seinen Geist auf dich. Das kann man hin und wieder sogar spüren. Manche nennen es »Salbung«. Eine »Salbung« ist etwas Wohltuendes. Denk an eine Massage. Früher wurden auch Könige gesalbt. Wenn wir die »Salbung« Gottes erleben, tragen wir das »Öl« und den »Duft« des Heiligen Geistes. Oftmals spürt man allerdings gar nichts dabei. Macht auch nichts. Denn wir wissen, was wir tun: Reich Gottes mitbauen. Die Methode dabei heißt: Jüngerschaft. Einer nimmt den anderen an der Hand – wie ein Meister seinen Lehrling – und hilft ihm zu verstehen, wie Gottes Plan mit seinen geliebten Menschen aussieht. Aufgrund der Worte und des Lebensstils des Jüngers, mit allen Höhen und Tiefen, wird man noch tiefer in den Glauben geführt.

Stufen der Jüngerschaft

Auch ein Jünger ist nicht »vom Himmel gefallen«. Er entwickelt sich. Deshalb gibt es verschiedene Stufen der Jüngerschaft. Meist bewegt man sich zwischen mehreren angrenzenden Stufen hin und her, je nach Thema. Deshalb sind die folgenden Phasen auch nicht durchnummeriert.

Phase: Beginn der Jüngerschaft

Der Anfang zeichnet sich vor allem durch einen neuen Blick auf Christus und seine Kirche aus. Man beginnt, sich zu Gott und seiner Gemeinde zu bekennen. Diese Zeit ist geprägt von einer großen spirituellen Sehnsucht. Alles, was einem beim Wachstum im Glauben hilft, ist willkommen – seien es Bücher, Freundschaften oder Konferenzen. Einige beginnen in großer Treue, in bestimmten Gebieten zu dienen.

Auch bei mir, Patrick, war das vor vielen Jahren ähnlich. Ich hatte zwar noch nicht die geringste Ahnung, was Jüngerschaft genau ist, aber die Leidenschaft entbrannte. Nach vielen Jahren größter geistlicher Blassheit fand ich endlich einen Ort der lebendigen Gottesbeziehung. Es war eine »einfache« charismatische Mittwochabend-Messe in der Krankenhauskirche in Graz – ich habe weiter oben schon davon erzählt. Die Heilige Messe dauerte zweieinhalb Stunden – mit ausgedehntem Lobpreis, großer Umkehr, spannender Message von Leuten, denen man abnahm, was sie sagten, und guten Zeiten der Anbetung. Ich liebte diese Mittwochabende. Und jahrelang konnte mich – im wahrsten Sinne des Wortes – nichts vom Besuch dieses Gottesdienstes abhalten.

Damals war ich ein junger Unternehmer und habe für die TUI (einen der größten Reiseveranstalter der Welt) Hotelprojekte in allen relevanten touristischen Regionen umgesetzt. 70 Flüge im Jahr waren ganz normal. Allerdings brachte ich die interne Reiseabteilung der TUI und meine Geschäftspartner beinahe zum Wahnsinn, da jede Reise, jedes Meeting, jede Schulung so gelegt werden musste, dass ich Mittwochabend in Graz war. Und das war manchmal äußerst schwierig.

Wenn wir nach dem Gottesdienst noch kurz gesprochen haben, wurde ich oft gefragt: »Und, wie war dein Tag?« Meine Antworten lauteten immer ähnlich: »Ich komme gerade aus Ägypten (wahlweise Griechenland, Menorca oder Ibiza).« Später haben mir Freunde erzählt, sie hätten mir nicht geglaubt, bis sie mich wirklich kennengelernt hatten.

Damals, in dieser Phase als »beginnender Jünger«, war es für mich unerlässlich, jeden Mittwoch dabei zu sein. Später habe ich erfahren, dass Gott überall ist. Nicht nur mittwochs im Krankenhaus in Graz. Ich kenne eine ganze Reihe ähnlicher Geschichten von Menschen, denen am Beginn ihres jüngerschaftlichen Lebens gewisse Orte oder Treffen enorm wichtig, ja, beinahe unverzichtbar waren.

Phase: Wachsen in Jüngerschaft

In dieser Phase beginnt man, ein Herz für Gott zu entwickeln. Die Sehnsüchte Gottes werden zu den eigenen. Daraus fließen Handlungen und Einstellungen. Man ist bereit, Opfer zu bringen und seine eigenen Pläne zurückzustellen. Eine deutliche Veränderung ist merkbar. Tägliche regelmäßige Zeiten mit Gott werden normal. Schlechte Lebensgewohnheiten versucht man abzulegen. Die Sehnsucht nach dem Heiligen Geist wächst.

Wie bereits erwähnt: Zu Zeiten der Mittwochabende war ich zwar begeistert von Gott, habe in manchen Dingen eine große Treue gelebt. Aber in erster Linie für mich selber. In meiner internen Prioritätenliste kamen zuerst ich, dann ich, dann nochmals ich, dann meine Firmen und dann Gott. Ich kann mich gut erinnern, wie sich irgendwann in mir das Gefühl breitmachte: »Patrick, da passt was gar nicht.« In dieser Phase habe ich meine ersten kleinen Schritte im »Rechteniederlegen« gemacht. Natürlich um im nächsten Augenblick alle vermeintlichen Rechte wieder aufzuheben. Es ist ein Prozess. Nicht nur bei mir.

Phase: entschlossene Jüngerschaft

Hier »fällt der Groschen«. Das Fundament des geistlichen Lebens steht gut. Die vier Fundamente sind gelegt. Eines mehr, eines weniger. Der Entschluss, Gott an die erste Stelle zu setzen und nach den »Reich Gottes«-Prinzipien leben zu wollen, ist durchgerungen.

Der »beginnende« und »wachsende« Jünger unternimmt alles, um selber zu wachsen. Der »entschlossene Jünger« tut alles, damit andere wachsen können! Man übernimmt daher Verantwortung in Kirche und Gemeinde. Die Leidenschaft für andere Menschen ist groß. Der Jünger beginnt, sein Herz für andere Menschen brechen zu lassen.

Vor Jahren ging ich am Karfreitag durch die weltbekannte

Haupteinkaufsstraße, die Getreidegasse in Salzburg. Zu dieser Zeit schoben sich dort Zehntausende Menschen zum Einkaufen durch die Gassen und Plätze der Barockstadt (in Österreich ist Karfreitag kein Feiertag). Die jährlichen Osterfestspiele sorgten für ein kaufkräftiges, reiseerfahrenes und sehr elegantes Gästeklientel.

Eigentlich nichts Ungewöhnliches für Salzburg. So ging ich also durch die Getreidegasse und dachte nach. Plötzlich fuhr eine tiefe Traurigkeit in mich. Mir war, als würde ich einen Teil des Vaterherzens sehen: wie traurig er über seine Kinder war. Jesus war am Kreuz gestorben. Gott hatte sich Unglaubliches zugemutet, um jeden Einzelnen zurück nach Hause zu holen – und scheinbar allen Menschen auf diesen Straßen und Plätzen war das egal. Es schien völlig belanglos zu sein, dass das der Tag war, an dem sich Christus für uns geopfert hatte. Ich bekam damals einen kleinen Geschmack von der Traurigkeit, die der Vater im Himmel hat, wenn er unsere Apathie in Bezug auf seine heiße Liebe sieht.

Auf diese Erkenntnis hin beginnt der entschlossene Jünger zu beten: »Herr, lass mein Herz für die Dinge brechen, die dein Herz brechen.«

Phase: der Jünger-Macher

Jünger machen Jünger, haben wir gehört. Das ist die Strategie, die Jesus uns direkt vorgelebt hat. Willkommen mitten in der großen Ernte. In dieser Phase übernimmt man ganz konkret Verantwortung für andere Jünger. Man wird eine Art Mentor für die nächste Generation.

Ein Jünger in dieser Phase lebt ein hohes Maß an Lordship, das bedeutet, er arbeitet intensiv daran, dass Jesus die Königsherrschaft über alle Lebensbereiche hat. Die Wahl des Berufes, des Wohnortes macht der Jünger weniger von den eigenen

Vorstellungen abhängig als vielmehr von dem Kriterium der größtmöglichen Fruchtbarkeit. Letztlich lebt man in sehr großer Freiheit, weil man Gott schon sehr gekostet hat und dieses Geschenk anderen nicht vorenthalten möchte.

Phase: der »spirituelle Multiplikator«

In dieser letzten Phase hat man großen Einfluss auf »Jünger-Macher«. Man kann die dritte Generation an Jüngern (sprich die Jünger der Jünger, die man selber noch trainiert hat) heranwachsen sehen. Der öffentliche Einfluss ist deutlich spürbar. Ein integrer Lebensstil zeichnet so eine Person aus. In dieser Phase ist man es mitunter gewohnt, an neue Orte zu gehen, viele neue Dinge zu starten und immer wieder von vorne anzufangen, um weitere Leute zu involvieren und ihnen dann mehr und mehr die Verantwortung über Dinge zu geben. Diesen Lebensstil streben wir auf der HOME Mission Base an.

Das ist natürlich auch ein besonderer Ruf, der vor allem jene trifft, die Apostel im fünffachen Dienst (nach Epheser 4) sind. Aber auch als Familienvater oder -mutter oder jemand, der sich fest in einer Community verankert hat, kann man eine Fruchtbarkeit leben, die in eine spirituelle Multiplikation mündet. Hier geht es nicht mehr allein um das Werk, sondern um die Befähigung zur Leiterschaft als Lebensstil. Es geht um die Autorität, die aus der Identität des Jünger-Machers herausfließt. Durch seine oder ihre Art werden Menschen angezogen und befähigt, die Dinge, die sie gelernt haben, selber an andere weiterzugeben und ihnen Lehrer zu werden.

Diese Phasen sind eine Orientierungshilfe, kein Gesetz. Du kannst in manchen Aspekten deiner Nachfolge weiter sein, mit anderen bist du vielleicht noch am Ringen. Das ist ganz normal. Du kannst und musst nichts erzwingen.

Vielleicht bist du erschrocken, als du gelesen hast, dass es Jünger gibt, die bereit sind, ihr Zuhause zu verlassen, um woanders größere Frucht zu bringen. Möglicherweise baust du dir schon eine Argumentationslinie im Kopf zusammen, die klarmacht, dass dich das nie treffen kann – wo du es dir gerade so gut eingerichtet hast. Bitte hab keine falschen Vorstellungen vom Ruf Gottes. Dieser führt immer in die Freiheit, in große persönliche Freiheit, in Frieden. Unzählige Male durfte ich schon Zeuge werden, wie Gott Menschen in seine Nachfolge ruft.

Auf unserer Mission Base haben wir knapp 45 Mitarbeiter. Die meisten davon in Vollzeit. Immer mehr davon haben Familien. Sie kommen aus dem ganzen deutschsprachigen Raum. Manche auch von weiter weg. Und hinter jedem Menschen steht eine unglaubliche, wunderschöne Geschichte. Vom ersten Anklopfen und Umwerben Gottes: »Möchtest du vielleicht auf einer Base als Missionar arbeiten?« über das Hinterfragen, Verwerfen, Doch-noch-Überlegen, Mal-Anfragen, Als-Geheimnis-Tragen, Den-Partner-oder-die-Eltern-vorsichtig-Umschwärmen bis hin zur Entscheidung, hinaus »aufs Wasser« zu gehen. Das sind wunderbare Prozesse, die, wenn sie gut begleitet sind, in große Freiheit führen.

Also: Sorge dich nicht. Gott wird dich zu nichts zwingen. Aber er wird dich möglicherweise umwerben.

Wenn ich mir vor zehn Jahren vorgestellt hätte, mit meiner ganzen Familie auf einer Mission Base zu leben, hätte ich mit allen Mitteln dagegengewettet. Nicht mit meiner Familie. Geschweige denn mit vierzig jungen Erwachsenen. Niemals. Für heute kann ich mir keinen besseren Platz vorstellen. Ich schlafe so gut wie selten in meinem Leben zuvor. Auch wenn mir ständig jemand den Kühlschrank leer isst und ich mir die Namen aller meiner Mitbewohner nur schwer merken kann: Ich lebe in einer inneren Freiheit wie nie in meinem Leben zuvor. Wo ich in fünf Jahren wohnen werde, weiß ich nicht. Aber ich bin bereit. Für Salzburg, für London und sogar für Berlin. ☺

Endlose Weizenfelder

Jesus spricht in Matthäus 9,37-38 von der großen Ernte. Und er trägt uns auf, den Herrn der Ernte um Arbeiter für seinen Weinberg zu bitten.

Wenn ich an die große Ernte denke, dann stelle ich mir die endlosen Weizenfelder in der Ukraine oder in Amerika vor. Ich sehe sie vor mir, wie sich die Ähren mit dem Wind verbinden und endlose Wellenmuster zeichnen. Oder ich denke an die Lavendelfelder in der Provence in Frankreich. An das kräftige Lila und das blasse Grün.

Schaue ich vor unsere Türe in Salzburg, sehe ich nichts von der großen Ernte, die reif ist. Ich sehe Menschen, die eilig am Kai entlanggehen, Obdachlose, die gleich nebenan unter der Brücke hausen, Banker und Geschäftsleute von gegenüber, die in großen, tollen Autos Parkplätze suchen, glückliche oder genervte Mütter mit ihren Kinderwägen, Buggys, Laufrädern und Fußbällen. Ich sehe alte Menschen, die stundenlang auf Bänken sitzen und den Vögeln am Fluss nachschauen, und Jugendliche, mal schwer verliebt, mal very busy, mal eingeraucht, mal in Gruppen und dann wieder allein. Aber nach großer Ernte schaut das nicht aus.

Und doch spricht Jesus davon, dass die Ernte immens wäre.

Auf den zweiten Blick ergibt sich ein anderes Bild. Da erzählt mir plötzlich der Installateur im Haus, dass sein Bruder vor zwei Jahren gestorben sei. Er wolle darüber eigentlich nicht sprechen, aber hier sei es anders. Der Sozialhilfeempfänger weint, weil man seine gerade verstorbene Frau in ein Armengrab legen will und er nicht weiß wann. Geschäftsleute beginnen mir von ihrem super Leben zu erzählen: Auto super. Urlaub super. Firma super. Tennis super. Und plötzlich werden die Augen glasig: Familie gar nicht super. Mentale Verfassung auch nicht. Und die große Leere scheint ihnen jede Freude aufzufressen.

Willkommen mitten in der großen Ernte. Genau dort schickt uns Jesus hin. Zu den Gebeugten, den Einsamen, den Verwirrten, den Verwahrlosten (gerade auch zu den Wohlstandsverwahrlosten), zu den Suchenden, zu den Traurigen, zu den Gefangenen, vor allem zu denen, die in ihrem eigenen Stolz gefangen sind, zu den Wehrlosen, zu *allen*. Sprich, zu deinen Nachbarn, deinen Freunden, deiner Familie.

Willkommen mitten in der großen Ernte. Genau dort schickt uns Jesus hin.

Unser Eindruck auf der HOME Mission Base ist, dass es noch nie so einfach gewesen ist, von Gott zu erzählen. Die Not, der Hunger und das Interesse am »Sinn des Lebens« scheinen extrem groß zu sein. Jüngerschaft heißt, Menschen zum Vater nach Hause zu lieben. Auch wenn es etwas kostet.

Fünf Tipps für dein Leben als Jünger

Jetzt, wo dieses Buch langsam zu Ende geht, kommt es darauf an, die Erkenntnisse zu verinnerlichen und mehr und mehr in den Alltag zu integrieren. Die folgenden fünf Punkte sollen dir helfen, deine Entdeckungen in deinem Leben zu verankern.

1. Rechne mit dem Übernatürlichen

Es gibt Bereiche in unserem Leben, die müssen wir einfach früher oder später anpacken: unsere Vergangenheit, unsere Beziehungen, manche Denkmuster, schlechte Angewohnheiten usw.

Manches braucht einen fundierten Entschluss, manchem liegen psychodynamische Ursachen zugrunde, wo wir einen langsamen Weg der Heilung beschreiten. Wieder anderes braucht einen Neustart, einen neuen Beginn unter neuen Voraussetzungen. Da gibt es Dinge, denen wir in die Augen schauen und die wir ändern müssen.

Aber es gibt noch viel mehr! Gewöhne dir an, mit dem Übernatürlichen zu rechnen. Es gibt Dinge, die du nicht allein machen kannst. Rechne damit, dass Gott in dein Leben aktiv eingreift. Rechne damit, dass Heilung auch durch deine Gemeinde, deine Gebetsgruppe oder deine Kirche geschehen kann.

Manchmal glauben wir vielleicht, Kirche und Gemeinde seien Nichtregierungsorganisationen wie Greenpeace, Amnesty International oder das Rote Kreuz. Kirche und Gemeinde sind aber Wohnstätte Gottes, auch wenn es nicht immer so aussieht.

Traue Gott zu, besser: Rechne fix mit seinem Eingreifen in deinem Leben. Du wirst überrascht sein!

2. Du brauchst Gemeinschaft

Erinnere dich an die Frau zu Beginn dieses Buches. Sie hat sich ihre eigene Kirche gemacht. Den besten Worship. Die besten Predigten. Wer kann da mithalten?

Aber sie wird allein bleiben. Für wen soll sie sorgen? Für wen ihr Herz brechen lassen? Mit wem ihre Liebe teilen? Da bleibt nur ihr Teddybär.

Bei uns soll das nicht so sein. Gott ist Beziehung. Und diese Sehnsucht hat er tief in dich hineingelegt. Jeder Mensch braucht Orte, wo gesunde Freundschaften wachsen können.

Such dir eine Gemeinde oder eine Gebetsgruppe, in der du dich wohlfühlst, wo du gefördert und gefordert bist. Suche dir Orte, an denen du heiler werden kannst.

Beginne, selbst eine Kleingruppe aufzubauen, die sich regelmäßig trifft. Lade Menschen ein, die auch wachsen wollen. Vergiss nicht, für ein wenig Spaß und etwas Essen zu sorgen. Besuche Seminare von Jüngerschaftsschulen und lass dich auf Konferenzen neu inspirieren. Beginne, Menschen ganz neu in das Vaterherz hineinzulieben.

3. Überfordere dich nicht

Es gibt zwei Grundtypen von Menschen und – Gott sei Dank – alle möglichen anderen dazwischen. ;-)

Die einen kommen kaum von ihrem Sofa hoch. Die anderen sind, angetrieben durch gesunde und ungesunde Motivatoren, kaum zu stoppen. Wichtig ist die richtige Botschaft an den jeweiligen Typus zu richten.

Fangen wir mit dem »trägen Typen« an. Wenn du dich dazu zählst, dann musst du aus deinem Sofa raus! Die wirklich tollen und entscheidenden Dinge im Leben spielen sich nicht in deiner Komfortzone ab. Sie beginnen dort, wo du hinaus aufs Wasser gehst, hinein ins unbekannte Land. Also mach dich auf! Beginne konsequent an deinem neuen Leben zu arbeiten.

Nun die Message an jene Menschen, die, aus welchen Gründen auch immer, kaum zu stoppen sind. Entspann dich! Du kannst und musst nichts erzwingen. Alles in diesem Buch Beschriebene hat mit den Tiefen deiner Persönlichkeit zu tun. Da kann man nichts schnell mal eben ändern. Erinnere dich, es besteht stets die Gefahr, Verhaltensweisen zu ändern, anstatt die tief darunterliegenden Paradigmen neu zu formulieren und zu schreiben.

Und für alle Typen gilt: Bitte gib dir Zeit. Viel Zeit. Bleib an deinen Baustellen dran. Mit einer ganz großen Liebe zu dir selbst. Es gibt zu viele Christen, die verbissen oder gar zynisch durchs Leben gehen. Das ist auch nicht der Sinn der Sache.

4. Du bist nicht das Opfer deiner Umstände

Deine Voraussetzungen werden nie perfekt sein. Optimale Umstände gibt es nicht. Warte nicht auf sie. In der Begleitung von jungen Menschen hören wir sehr oft, was alles in ihrem Leben in der Vergangenheit schiefgegangen ist. Erinnere dich an das Zitat: »Deine Vergangenheit ist eine Erklärung, aber keine Ausrede.« Wenn du darauf wartest, bis die Umstände in deinem Leben perfekt sind, wirst du ewig warten. Achte darauf, dass du nicht in die »Wenn, dann«-Falle tappst: Wenn ich ein besseres Einkommen habe, dann engagiere ich mich. Wenn ich diese Ausbildung fertig habe, dann stelle ich mich meinen Problemen usw. Bitte glaub uns: Es gibt kein »Wenn, dann«. Du wirst dein ganzes Leben lang Möglichkeiten nachlaufen, die nie eintreten werden.

Ein wunderschönes Prinzip der Jüngerschaft lautet: »Bloom where your are planted.« – »Blühe dort, wo du hingepflanzt wurdest.« Das ist eine großartige Entspannung für dein Leben. Ein Jünger beginnt immer dort, wo er gerade ist. Die Grundaufgabe eines Jüngers ist es, die Atmosphäre zu verändern. Wo geht das besser als an dem Ort, wo du eingepflanzt bist?

Ein Jünger ist nicht Opfer seiner Umstände. Er prägt die Umstände. Und wenn das gar nicht geht? Dann kann es auch notwendig werden, den Ort, an den man gestellt ist, zu verlassen.

5. Der Räuber kommt immer

Je mehr du in Jüngerschaft wächst, je größer deine Freiheit und deine Fruchtbarkeit werden, desto gefährlicher wirst du in der sichtbaren und unsichtbaren Welt.

Das gefällt nicht allen. Der Räuber wird daher kommen. Jesus spricht sehr klar davon: »Der Dieb kommt nur, um zu stehlen, zu schlachten und zu vernichten« (Johannes 10,10). Er wird kommen, um dir deine Erinnerungen, deine Erlebnisse mit Gott zu stehlen. Er möchte deine Fruchtbarkeit einschränken und versucht, die vielen guten Dinge, die in dich hineingelegt wurden, zu töten und zu rauben.

Die gute Nachricht ist: Jesus hat uns ausführlich davon erzählt und uns gewarnt. Und er rät uns, vorzusorgen und bereit zu sein. Aber keine Angst. Das Wichtigste ist einfach, Gott treu zu bleiben. Alles andere erledigt Gott für dich.

Ein sehr bewährtes Mittel gegen Verunsicherung und Entmutigung ist, ein geistliches Tagebuch zu führen. Dabei geht es nicht darum, dass du jeden Tag aufschreibst, was genau du getan und erlebt hast. Es geht vielmehr darum, deine geistlichen Durchbrüche und Erkenntnisse festzuhalten. In schwierigen Zeiten mit Gott zu ringen. Deine aktuellen Freuden, Sorgen und Wünsche mit Gott zu teilen. Das Führen eines geistlichen Tagebuches ist eine Art von Gebet.

Kommen nun dürre Zeiten, dann blättere zurück und erinnere dich daran, was Gott in deinem Leben schon Wunderbares getan hat. Blicke zurück und schau dein Ringen mit Gott in einem bestimmten Thema an. Vielleicht kannst du dich heute freuen, was Gott daraus gemacht hat.

Das ist übrigens eine alte Tradition. Das Volk Israel hat das über Jahrtausende gemacht. Es gibt eigene Lieder in der Bibel, die die Großtaten Gottes beschreiben. Und diese wurden immer wieder und immer wieder vorgetragen. Warum? Damit der Räuber keine Chance hat. Gib auch du ihm keine!

Und jetzt? – Eine kleine Abschlussrede

Am Ende jedes Studienjahres auf der Mission Base halte ich, Patrick, eine Ansprache mit drei Punkten. Immer gleich. Egal, ob es sich um ein neunmonatiges oder um ein dreiwöchiges Programm gehandelt hat.

Die Jünger feiern ihren Abschluss. Sie erhalten ihr Diplom und wir feiern uns alle zusammen für die intensiven Prozesse der vergangenen Wochen und Monate, die vielen Höhen und die unvermeidbaren Tiefen. Jeder ist festlich gekleidet und bald nach der Ansprache werden alle ausgesendet.

Auch dir als Leser dieses Buches möchte ich am Ende diese drei Punkte mitgeben:

1. Jetzt geht's erst richtig los

Die Grundlagen sind gelegt. Jetzt geht es um die Umsetzung. Ein Diplom in Jüngerschaft ist wunderbar. Aber es ist nur eine kleine Zwischenanerkennung. Jüngerschaft hört niemals auf. Die Themen kommen immer wieder. Nur auf einer jeweils tieferen Ebene.

Nun gilt es, Frucht zu bringen. Reichlich Frucht. Die Ernte einzubringen. Wo du wohnst, wie alt du bist, welchen Beruf du hast, spielt keine Rolle. Es macht auch keinen Unterschied, ob du viel oder wenig hast. Geh raus (oder bleib, wo du bist) und bringe Frucht.

2. Werde Botschafter

Das Thema Jüngerschaft ist in vielen Gemeinden nicht wirklich bekannt. Werde ein Botschafter für das Prinzip von Jesus. Inspiriere Menschen, eine Jüngerschaftsschule zu machen. Es gibt viele Orte von Australien bis Amerika und von Deutschland bis Frankreich. Finde heraus, was in deiner Umgebung los ist, und trage den Jüngerschaftsgedanken weiter.

Wenn du willst, komm uns in Salzburg besuchen. Tauch in das HOME-Feeling ein oder werde Teil des HOME Movements. Wenn du kannst, werde Partner von einem unserer Missionare. Oder mache sogar eine Ausbildung bei uns.

3. Bleib Gott treu

Gott ist gut. Sehr gut sogar. Vielleicht hast du schon unglaubliche Abenteuer mit ihm erlebt und kennst ihn als deinen Versorger.

Möglicherweise kommt einmal eine schwierige Zeit auf dich zu: eine Wüste, eine Dunkelheit oder eine Verwirrung. Es kann sein, dass Gott in deinem Leben etwas erschüttern muss, damit du gesund weiterwachsen kannst. Und vielleicht wird sogar dein Glaube schwach. Bitte gib nicht auf! Gott ist der Treue. Er wird seine Zusagen und seine Versprechen nicht brechen. Ganz sicher nicht! Bitte bleib Gott treu!

... und jetzt würde ich üblicherweise Berna einen großen Blumenstrauß überreichen und ihr danken für ihre unglaubliche Hingabe zu den Studenten, ihrem Team und dem ganzen Haus. ☺

ANMERKUNGEN

1 http://www.jmem.de/de/fokus/mission.html (abgerufen am 16. Dezember 2018).
2 http://www.jmem.de/de/wir-ueber-uns.html (abgerufen am 16. Dezember 2018).
3 Redemptoris missio 3, Papst Johannes Paul II., 7. Dezember 1990.
4 Novo Millenio Ineunte 40, Papst Johannes Paul II., 6. Januar 2001.
5 Lineamenta Nr. 10 [32], Papst Benedikt XVI, 2011.
6 Handgeschriebene Notiz für die Rede zum Vorkonklave am 9. März 2013.
7 Evangelii Gaudium 15, Papst Franziskus, 26. November 2013.
8 Latein für »So soll es geschehen«.
9 https://www.ywam.org/about-us/history/ (abgerufen am 6. Januar 2019).

Auch als Hörbuch

Gelesen und produziert von
Jörg A. Pasquay.

CD – ISBN 978-3-775-15637-0

Johannes Hartl

In meinem Herzen Feuer

Meine aufregende Reise ins Gebet

Begleiten Sie Johannes Hartl auf seiner aufregenden Reise ins Gebet – und fangen Sie selbst dabei Feuer für das Gespräch mit Gott! Johannes Hartl hat viel zu erzählen – von seiner Kindheit in der Nachbarschaft eines Benediktinerklosters, seiner Jugendzeit voller Extreme oder seinen zahllosen Reisen bis hin zur Gründung des Gebetshauses in Augsburg. Im Rückblick erkennt er, dass die Stationen seines Lebens vor allem eins waren: eine Reise ins Gebet. An dieser Reise lässt er Sie teilhaben, und am Ende möchte man nur eins: Gott im Gebet begegnen!

Gebunden, 14 x 21,5 cm, 240 S.
ISBN 978-3-417-26610-8
Auch als E-Book e
Auch auf Englisch erhältlich

SCM
R.Brockhaus